Merci infiniment pour leur amour, aide,
soutien et confiance,
Nathalie
Alexis
Mathilde

Leurs regards,
Franck
Aude
Claude
Vincent
Matthieu
Alice

Leur influence,
Jacques, Solange
Christian
Alain et Alain
Marcel, Pierre et tous ces acteurs du vin
et de la gastronomie que j'ai croisé depuis toutes ces années.

Le code de la propriété intellectuelle et artistique n'autorisant, aux termes des alinéas 2 et 3 de l'article L.122-5, d'une part, que les « copies ou reproductions strictement réservées à l'usage privé du copiste et non destinées à une utilisation collective » et, d'autre part, que les analyses et les courtes citations dans un but d'exemple et d'illustration, « toute représentation ou reproduction intégrale, ou partielle, faite sans le consentement de l'auteur ou de ses ayants droits ou ayant cause est illicite » (alinéa 1er de l'article L. 122-4). Cette représentation ou reproduction, par quelque procédé que ce soit, constituerait donc une contrefaçon sanctionnée par les articles 425 et suivants du Code pénal.

Copyright © 2023 Christophe Boisselier
Tous droits réservés.

Christophe Boisselier

Mes secrets de sommelier

Le Vin

Guide du vin très pratique pour être autonome

IN VINO VERITAS

S.P.Q.R.
SENATUS POPULUSQUE ROMANUS

In vino veritas

Le vin fait partie de notre histoire, de notre culture. En France, la gastronomie, la cuisine, la dégustation de vins sont presque innées, je dis presque car c'est tellement évident que l'on ne se pose plus de questions.

Je suis sommelier depuis 30 ans et j'ai conseillé, échangé et servi plusieurs milliers de personnes, et ma conclusion, c'est que beaucoup de personnes répètent les mêmes choses qu'ils ont entendu de leurs parents qui eux mêmes l'ont appris de leurs parents… Alors, on pense savoir, on pense être connaisseur et en plus de ça, on a une responsabilité mondiale d'être né dans le pays du vin, donc on sait, depuis toujours on sait.

Et c'est à ce moment là, quand on se dit que l'on sait, que l'on a la vérité, qu'on ne se pose plus de questions. Les années passent, la planète tourne, les humains continuent de perturber la nature.
Le propre de la vie, c'est le mouvement, tout bouge, évolue, meurt, renait, se transforme.

Le monde du vin est vaste et continuellement en mouvement. On ne nous l'enseigne pas à l'école, la production de livres sur le sujet est toujours grandement suffisante et très complète.

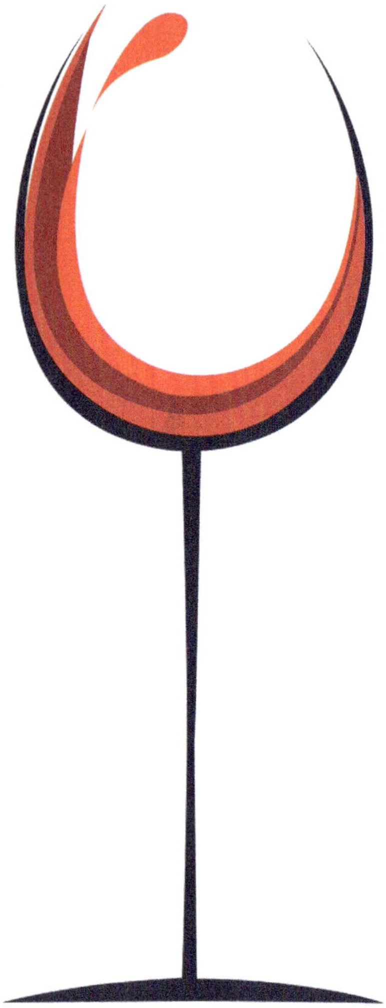

Être autonome

Vous n'avez peut-être pas le temps et l'envie de faire une formation de sommellerie pour être un peu plus autonome dans le monde du vin alors j'ai décidé de créer ce livre qui résume mes 30 ans d'expériences pour que vous ayez toutes les bases culturelles et pratiques pour connaitre les origines du vin et de la vinification. Pour connaître tous les types de vins existants, les endroits pour bien acheter sans se faire avoir, comment conserver et servir vos bouteilles, avec quels plats les déguster et comment bien choisir son vin au restaurant. Et un cadeau, une formation vidéo pour apprendre à déguster en moins d'1 heure.

Mon métier de sommelier, au-delà de reconnaitre les vins, de les décrire parfois de façon poétique, c'est de donner du plaisir, de transmettre des émotions, de rendre le vin plus accessible, afin que vous puissiez à votre tour transmettre vos découvertes, vos émotions à vos amis, votre famille,
Après la lecture de ce guide, vous ne goûterez plus de la même façon, j'en suis certain.

A la vôtre !

Sommaire

Savoir

- Une Histoire de Vin 11
- 8000 ans ANE 19
- 6500 ans ANE 21
- 600 ans ANE 23
- 313 Constantin 1er 27
- 1100 Les grandes abbayes 29
- 1600 Paris 31
- 1863 Le phylloxera 33

Connaitre

- Les cépages 35
- Les types de vins 41
- Les vinifications 43
- Le vin rouge 45
- Le vin rosé 47
- Le vin effervescent 49
- Le vin orange 51
- Le vin muté 53
- Les vins spéciaux 55
- Le vin blanc Sec 57
- Le vin blanc 1/2 sec 59
- Le vin moelleux 59
- Le vin liquoreux 61
- Le vin de paille 63
- Le vin jaune 65
- Le eiswein 69

Comprendre

- La France 71
- La bouteille 73
- Les mots des pros 75

Choisir......... 91

- Acheter chez un caviste 95
- Acheter en grande distribution 97
- Acheter dans les salons 99
- Acheter en ligne 101
- Acheter chez le producteur 105
- Acheter en primeur 107

- Acheter en salle des ventes 109
- Acheter dans les clubs oenophiles ... 111
- Choisir son vin au restaurant 113
- Repérer le bon restaurant 115
- Repérer la bonne carte des vins 117
- Repérer le bon prix 119

Servir

- Servir le vin 121
- Le bouchon 123
- Le tire-bouchon 131
- Le verre 133
- La température 137
- Ordonner le service 139
- Carafer 141
- Décanter 143

Accorder

- Les accords mets/vins 145
- Qui êtes vous ?................ 147
- Le point de vue 149
- L'ambiance 151
- La texture du plat 153
- Avantager le vin 157
- Avantager le plat 159
- 8 accords magiques 161

Conserver

- Conserver votre vin 163
- La cave idéale 165
- La température 167
- L'humidité 169
- La lumière 171
- Les caves d'appartement 173
- Les vins à garder 175

Déguster

- Savoir déguster 179
- La formation en vidéo 181

Le Vin, la Vie 185
Tableaux 193

Pourquoi le vin est unique ?

- ✓ Le vin se conserve mieux que la bière
- ✓ Il est varié et changeant
- ✓ Le vin se bonifie avec le temps.
- ✓ Le vin est antiseptique, il purifie l'eau.
- ✓ Le vin est digeste.
- ✓ Le vin est une marchandise idéale pour le commerce.
- ✓ Sa qualité s'est fortement améliorée avec les années.
- ✓ C'est un produit précieux, un privilège d'en boire et donc une certaine forme d'accès à un pouvoir.

Une histoire de vin

Le vin occupe une place unique dans l'histoire de l'humanité.
Très tôt en effet, la vigne se distingue parmi tous les fruits, toutes les baies, qui peuvent être utilisés pour la confection de boissons alcoolisées.
Le vin acquiert ainsi au fil des ans une valeur et manifeste des pouvoirs qui vont bien au-delà de l'ivresse.
Son histoire liée aux conditions géo-climatiques, aux échanges, aux goûts, aux sensibilités, accompagne pas à pas celle de l'humanité dans ses conquêtes et ses progrès comme dans ses périodes de décadence.
Le vin devient une valeur culturelle et un phénomène de civilisation.
Les hommes de l'Antiquité buvaient surtout de la bière, le vin était réservé à une minorité de privilégiés.
Ils ont constaté qu'il se conservait mieux et plus longtemps que la bière et que son goût était varié et changeant.
Et qu'il possédait une qualité unique, la capacité à vieillir et à se bonifier avec le temps.
Grace à plusieurs facteurs : la variété des cépages, du sol, du climat et de la manière de le vinifier.

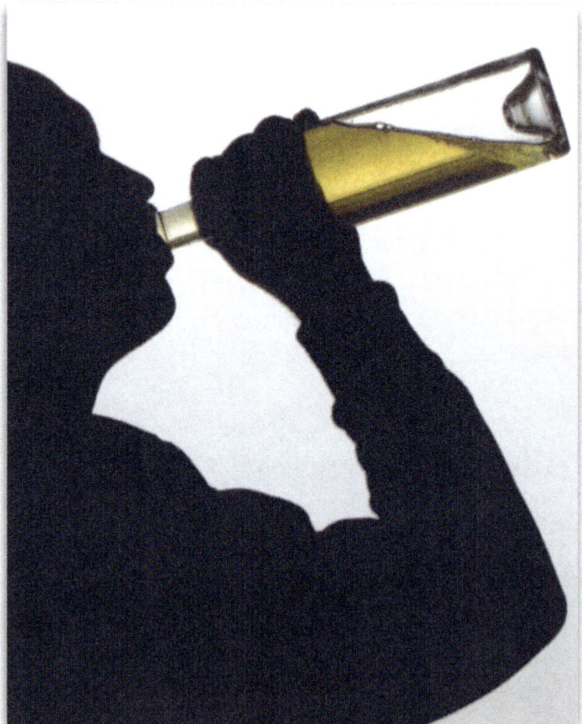

Au départ, ce ne sont pas les sensations gustatives qui ont séduit les consommateurs, mais plutôt, les effets que le vin produisait.

C'est l'éthanol qui produit l'effet le plus évident.

L'absorption d'éthanol inhibe en partie le système nerveux central et a pour effet de calmer la douleur.

Le sentiment de bien-être qu'il procure est peut être illusoire, mais il n'est pas artificiel en ce sens que le vin permet simplement aux sentiments de mieux se manifester.

D'autres boissons alcoolisées comme les liqueurs, eaux-de-vie, bières et cidres ont les mêmes effets.

Ils ont en commun l'éthanol, mais la présence d'autres substances modifie les effets et entraîne des réactions différentes sur l'organisme.

La science n'explique pas encore l'action de ces substances, présentes en quantités infimes. (près de 2000)

-8000	Anatolie
-6500	Géorgie
-600	Massilia
313	Constantin 1er
1100	Grandes Abbayes
1600	Paris
1863	Phylloxéra

Propriétés et vertus

Le vin possède aussi d'autres propriétés :
Pendant plus de 2000 ans, il fut l'antiseptique universel et unique en médecine et en chirurgie. On l'appliquait sur les blessures. Il servait à purifier l'eau.
Un traité de médecine indien du VIème siècle av. J.C. décrit le vin comme « tonifiant de l'esprit et du corps, antidote à l'insomnie, à la mélancolie, à la fatigue, un stimulant de l'appétit…»

Le vin possède aussi d'autres vertus :
La fermentation du jus de raisin donne une boisson alcoolisée contenant notamment des acides et des tanins qui la rendent vivifiante et rafraîchissante.
Une boisson idéale pour accompagner les mets. Le vin facilite la digestion des graisses, ainsi que l'assimilation des protéines. En outre, le vin a la faculté de réduire les inhibitions.

Le vin, contrairement aux alcools distillés, est depuis longtemps reconnu comme la boisson des buveurs raisonnables.

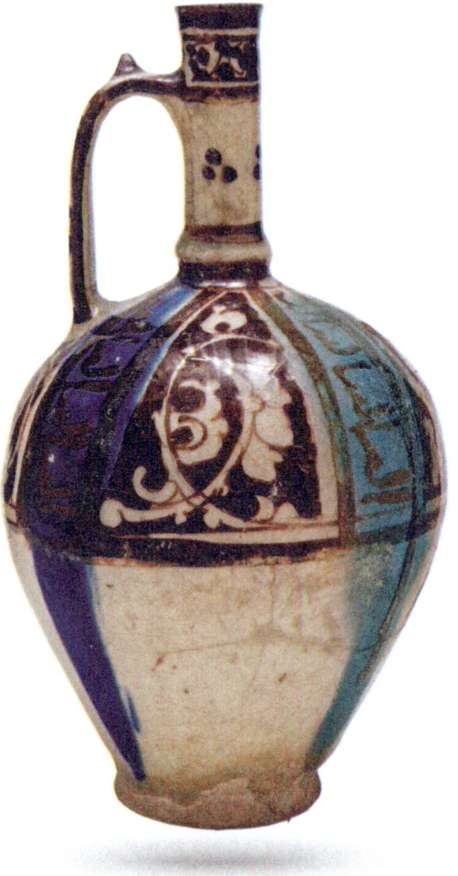

Le commerce

Une autre vertu du vin : le commerce.
Il fut une marchandise idéale pour le commerce. Dès qu'on en découvrit les effets, il devint un produit très recherché. Les Grecs le troquèrent contre des métaux précieux, les Romains contre des esclaves,. Grâce à sa valeur marchande, il a facilité les contacts entre des cultures éloignées.
Le vin devenant une marchandise, on s'aperçut que la qualité variait selon plusieurs facteurs, le climat, le sol, les cépages, la manière de le vinifier.
On a pris en compte la demande des consommateurs avec beaucoup plus d'attention et c'est en grande partie, grâce à cela que le niveau de qualité du vin a progressé.

Avec cette progression, on s'est rendu compte que le vin pouvait parfois s'améliorer en vieillissant et procurer des sensations subtiles à la dégustation.

Il est donc devenu un produit précieux, poétique, spirituel.
La possession de flacons rares et/ou très vieux, engendre, chez la personne qui les possède, une sensation de privilège rare, une maîtrise du temps, et donc de puissance et de pouvoir.

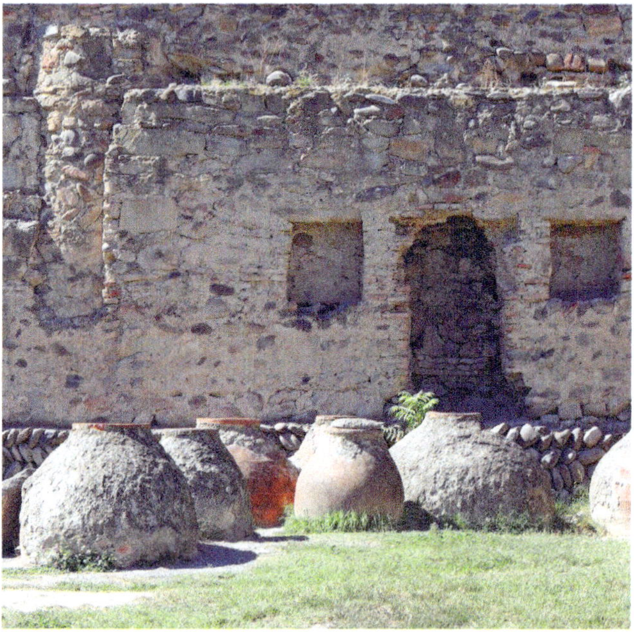

8000 ans avant notre ère

José Vouillamoz, botaniste et Patrick McGovern spécialiste de biologie moléculaire se sont lancés dans la recherche des origines du vin au début des années 2000.

José Vouillamoz a commencé par collecter des échantillons de vignes en Anatolie (province orientale de la Turquie), Arménie et en Géorgie, pour déterminer à quel endroit le raisin sauvage était, génétiquement parlant, le plus proche des variétés de raisins cultivés. Il avance l'hypothèse que c'est très probablement dans le sud-est de l'Anatolie que la vigne a été domestiquée pour la première fois il y a 10000 ans.

De son côté, Patrick McGovern a analysé des résidus de liquides retrouvés sur des bateaux antiques au laboratoire du musée de l'université de Pennsylvanie. Il a aussi conclu que l'Anatolie est bien la plus ancienne région viticole.

La Géorgie, pays entouré, au nord par la Russie, à l'est l'Azerbadjan, à l'ouest la Mer Noire,
au sud, l'Arménie et la Turquie

6500 ans avant notre ère

Les plus anciens témoignages archéologiques de la culture de la vigne et du vin les situent entre les mers Noire et Caspienne, à Shulaveris-Gora (Géorgie) et au sud-est de la Turquie, à Cayönü. Des pépins à la morphologie caractéristique de la vigne domestiquée y ont été retrouvés et datés aux alentours de 6500 avant J.-C.

L'analyse chimique a notamment détecté des traces de vin à l'intérieur de huit jarres en céramique datées d'environ 6000-5800 ans avant notre ère.

La porosité et les propriétés chimiques de la céramique en font un piège idéal pour absorber les éléments organiques et en conserver la trace pendant des millénaires. L'intérieur des jarres a été analysé par la combinaison des techniques chimiques les plus précises disponibles à ce jour.

Ces dernières ont permis de détecter des marqueurs caractéristiques du raisin et du vin, l'acide tartrique et trois acides organiques associés : acide malique, acide succinique et acide citrique.

Une autre histoire

L'origine de la viticulture en Gaule est contestée. Les tenants de "l'école romaine" s'opposent à ceux de "l'école celtique".

Les premiers s'appuient sur les écrits et les vestiges romans pour soutenir l'ascendance greco-romaine du vignoble en Gaule. Quant aux seconds, ils affirment que son implantation est bien antérieure : les Celtes y furent les premiers à cultiver la vigne, certains faisant même remonter son origine à la préhistoire. Il est vrai que l'on a trouvé au bord du lac Léman des pépins de raisin vieux d'au moins 12000 ans, témoins qu'une vigne sauvage certainement indigène y était exploitée.

Bien que les anciens celtes avaient une structure sociétale très complexe, ils n'étaient pas encore alphabétisés. Par conséquent, les scientifiques modernes ont privilégié les points de vue et les observations d'autres sociétés alphabètes de l'âge du bronze, telles que les grecs et les romains.

600 ans avant notre ère

"Voici la version Greco Romaine"

Fuyant l'invasion des Perses, les Phocéens (des Grecs) créèrent Massalia (Marseille) et s'installèrent également en Corse.

Massalia fut intégrée à l'Empire Romain vers 125 av. J.C.

Certains prétendent que les Etrusques (peuple vivant au centre de l'Italie), les avaient précédés; quoi qu'il en soit, cela donna aux Phocéens le contrôle de la vallée du Rhône.

L'historien romain Justinius a écrit :
« Les Gaulois ont appris des Grecs une manière de vivre civilisée (...) et à cultiver la vigne et l'olivier. Leur progrès fut si éclatant qu'il semblait que la Gaule était devenue une partie de la Grèce. »

Remontant le Rhône et la Saône, traversant la Bourgogne, ils sont arrivés jusqu'à la Seine, à 160 kms au sud-est de Paris.

Ils ont ouvert un comptoir au Mont Lassois (nord de la Bourgogne) où subsistent aujourd'hui un oppidium (fortification celtique) et des vestiges spectaculaires.

Cette toile du XIXe siècle de Joanny Rave figure les noces de Protis, chef de l'expédition hellène en Gaule, avec Gyptis, la fille du roi celte Nannos. Selon la légende, leur union scella, vers 600 avant J.-C., la fondation de Marseille.
(Leemage/Jean Bernard.)

Les Phocéens redescendirent aussi la Loire jusqu'à l'Atlantique.

La première véritable colonie romaine en Gaule a été établie sur le site de Narbo Martius près de l'embouchure de l'Aude.
La future Narbonne devint la capitale de la Provincia. Ils y ont planté sur les coteaux les premiers vignobles de grande étendue. Ce sont les ancêtres du Corbières, Minervois et des Coteaux du Languedoc.
Le vin était alors transporté par la vallée de l'Aude, passait par la brèche où se trouve aujourd'hui Toulouse et redescendait le Tarn et la Garonne pour atteindre la côte atlantique au niveau de Burdigala, c'est-à-dire Bordeaux.
Les premières vignes y auraient été plantées en 43 après J.C., bien après celles du vignoble de Gaillac.

Vers l'an 800, Charlemagne avait ses propres vignes à Corton en Bourgogne (où subsiste de nos jours le grand cru Corton Charlemagne)

313, Constantin Ier

En Gaule, c'est l'empereur romain Constantin Ier, qui en 313, reconnu le christianisme comme religion d'État.
A partir de ce moment, la culture de la vigne s'intensifia, et le vin remplaça la bière, qui, jusqu'alors avait été la boisson nationale.

La création de monastères et d'abbayes au VII ème siècle encouragea la production de vin de qualité. Partout où l'on entendait la messe poussait la vigne. Pour protéger les récoltes des troubles et des pillages dans les campagnes encore fréquents à cette époque, les religieux abritèrent le vin dans des souterrains.
La cave à vin était née.

Vers l'an 1100, les cisterciens
établirent le Clos Vougeot
et produisirent aussi du vin à Chablis.

1100, création des grandes abbayes.

Presque tous les ordres religieux ont travaillé la vigne, mais ce sont surtout les bénédictins et les cisterciens, qui ont véritablement contribué au développement de la viticulture en sélectionnant des cépages, des sols. Leur travail constituerait quelques centaines d'années plus tard la création des AOC (appellation d'origine contrôlée).

L'église a pu mettre le vignoble en valeur grâce à une main-d'oeuvre abondante et peu coûteuse.

Les religieux connaissaient déjà le principe fondamental, selon lequel les vignes plantées sur les sols les moins fertiles donnent les meilleurs vins.

Précédée par la famine de 1316-1317, la guerre de Cent Ans (1337-1453), a chassé la prospérité et stoppé l'essor de la commercialisation du vin. Des bandes de pillards ont brulé et détruit les récoltes.

En 1797, au Château Lafite, on mit pour la première fois du vin rouge à vieillir dans une bouteille en verre.

1600, Paris

Paris se développe et veut boire ! Après les vins d'Orléans, les vins de Champagne font leur offensive sur la capitale. C'est encore pour satisfaire les Parisiens que se développe dans la seconde partie du XVIIIème siècle, le vignoble du Beaujolais, vignoble français le plus récent.

Jusqu'au milieu du XVIIIème siècle, on achetait le vin en barrique. Puis pour le consommer, on le tirait directement dans des cruches. Avec le temps, l'amélioration des méthodes de fabrication du verre ont permis de développer la mise en bouteille et le transport.

1789, la révolution libère la paysannerie française et donc les viticulteurs d'un certain nombre de contraintes et de servitudes. Dans la plupart des cas, ce sont les bourgeois qui ont remplacé le clergé. Quant aux paysans ils ont changé de maîtres, mais pas toujours de conditions.

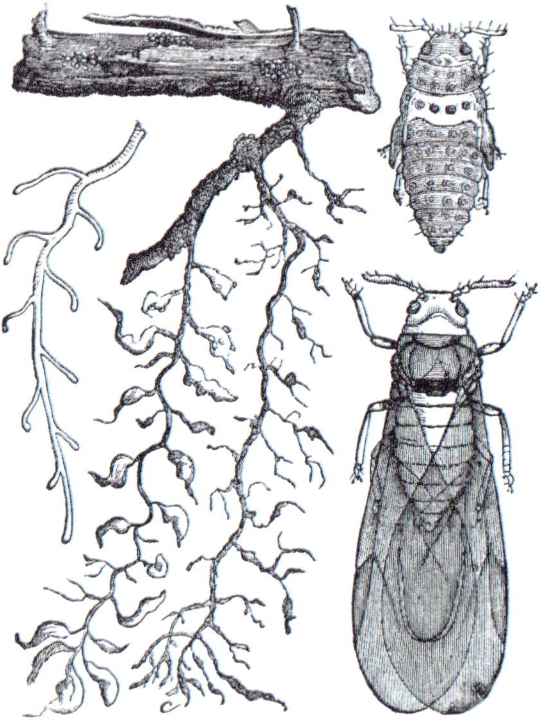

1863, phylloxéra

Un minuscule puceron, le phylloxéra, originaire des Etats Unis, est introduit malencontreusement en France dans une pépinière de La Tonnelle près de Tarascon. Il s'est multiplié puis a envahi et détruit l'ensemble du vignoble européen.

Paradoxalement, c'est grâce à des cépages américains, résistants à ce puceron, que le vignoble français fut sauvé, en greffant nos vignes sur les portes greffes américains.

Le vignoble reconstruit, il a dû subir la guerre de 14/18 qui l'a privé de main d'oeuvre ainsi que de produits de traitement. Il a fallu plusieurs années, après l'armistice, pour redresser la situation.

En 1935, les appellations d'origine controlées (AOC) ont été créées. Celles-ci identifient un produit, son authenticité et la typicité de son origine géographique. Elles sont garantes des qualités du vin, de ses caractéristiques, de son terroir d'origine et du savoir-faire du producteur.

La guerre 39/45 a fragilisé de nouveau le vignoble qui a retrouvé santé et prospérité après le grand millésime 1961.

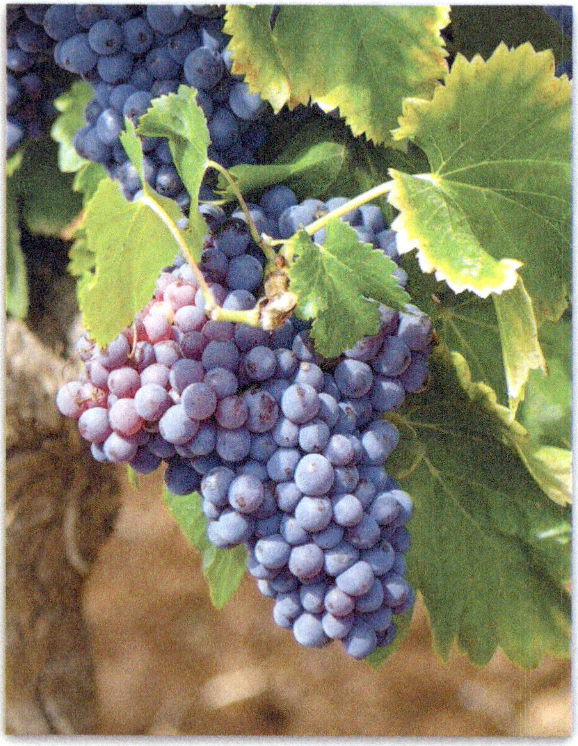

Les cépages

Les cépages sont des variétés de vignes ou de raisins. On compte aujourd'hui environ 12 250 noms de cépages cultivés dans le monde, mais 6 000 différents si l'on trie les synonymes.

Les 337 variétés autorisées en France sont le fruit de l'observation des hommes depuis des siècles.

Les cépages ont été, de tout temps, échangés entres pays, continents, régions.

Le cépage est le lien entre la terre et le vin, c'est lui qui donne le style et la personnalité au vin. On ne peut produire un vin de qualité sans raisins de qualité. À la variété du raisin il faut compter sur l'influence du climat, de la terre où il est planté et enfin des hommes ou des femmes qui l'élèveront.

Les meilleurs résultats proviennent de ceps de vigne plantés sur des terres relativement pauvres, car la vigne souffre et produit donc moins mais mieux.

On utilise du **raisin blanc** pour faire du **vin blanc**
On utilise du **raisin rouge** pour faire du **vin rouge**
On utilise du **raisin rouge** pour faire du **vin blanc**

Le secret ?
La plupart des raisins ont des pulpes blanches (jus)
C'est la peau rouge ou noire qui colore le jus blanc.
Pour élaborer un vin rouge, il faut laisser macérer les peaux avec le jus pour le colorer.
Plus vous laissez longtemps en contact jus et peaux, plus le jus sera coloré.
Si vous souhaitez faire un rosé, il faut arrêter la macération quand la couleur désirée est atteinte.

Les cépages les plus cultivés

Le vignoble français s'étire sur 835 806 hectares.

Trois cépages occupent 30% de la superficie.(tableau ci-dessous) la France met tous les ans à la disposition des demandeurs une superficie correspondant au maximum à 1 % de la superficie nationale totale plantée.

	Variété	Superficie - Région
1	MERLOT	112 000 ha - Sud Ouest et Bordeaux
2	UGNI BLANC	82000 ha - Cognac
3	GRENACHE NOIR	81 000 ha - Sud de la France
4	SYRAH	64 000 ha - Sud de la France
5	CHARDONNAY	51 000 ha
6	CABERNET SAUVIGNON	48 000 ha - Bordeaux
7	CABERNET FRANC	33 000 ha - Loire, Bordeaux
8	CARIGNAN	30 000 ha - Sud de la France
9	PINOT NOIR	32000 ha - Bourgogne, Sud de laFrance
10	SAUVIGNON BLANC	30 000 hectares - En progression

VINS ROUGES DE FRANCE ET LEUR CÉPAGE

RÉGIONS	CÉPAGE(S) DOMINANTS	CÉPAGES SECONDAIRES
ALSACE	Pinot noir	
BEAUJOLAIS	Gamay	
BOURGOGNE	Pinot noir, Gamay	César, Tressot
BORDEAUX (Médoc, Graves)	Cabernet Sauvignon, Merlot	Cabernet franc, Malbec,
BORDEAUX (Libournais)	Merlot, cabernet franc,	Cabernet Sauvignon
CORSE	Niellucio, Sciaccarello, Grenache	Syrah, Mourvèdre, Cinsault
JURA	Poulsard, trousseau, Pinot noir	
LANGUEDOC	Carignan, grenache, syrah, cinsault, Mourvèdre,	Cabernet Franc, Côt, Merlot Cabernet Sauvignon,
LOIRE	Cabernet franc, Cabernet sauvignon, Côt, Pinot Noir, Gamay	Grolleau, Merlot, Pineau d'Aunis,
PROVENCE	Grenache, Cinsault, Mourvèdre, Syrah, Carignan	Braquet, Folle Noire, Counoise, Cabernet Sauvignon
RHÔNE SEPTENTRIONAL	Syrah	Gamay, Grenache,
RHÔNE MERIDIONALE	Grenache, Carignan, Mourvèdre, Cinsault, Syrah	Counoise, Mareslan, Picpoul noir, Terret noir, Muscardin
ROUSSILLON	Grenache noir, Grenache Gris, Syrah, Carignan, Cinsault	Mourvèdre, Lledoner Pelut
SAVOIE	Mondeuse, Pinot Noir, Gamay Poulsard	Cabernet sauvignon, Cabernet Franc, Etraire de la Dui, Joubertin, Persan,
SUD OUEST	Tannat, Cot, Merlot, Negrette	Prunelard, Fer, Duras, Cabernet Sauvignon, Abouriou

VINS BLANCS DE FRANCE ET LEUR CÉPAGE

REGIONS	CÉPAGE(S) DOMINANT(S)	CÉPAGES SECONDAIRES
ALSACE	Nom vin = Cépage	Ex : Riesling, sylvaner...
ALSACE EDELZWICKER	Assemblage de plusieurs cépages	
BEAUJOLAIS	Chardonnay	
BOURGOGNE	Chardonnay	Pinot gris, Pinot blanc
BOURGOGNE ALIGOTÉ	Aligoté	
BORDEAUX BLANC SEC	Sauvignon	Sémillon, Muscadelle
BORDEAUX BLANC LIQUOREUX	Sémillon	Sauvignon, Muscadelle
CHAMPAGNE	Chardonnay, Pinot Noir	Pinot Meunier
CORSE	Vermentino, Biancu Gentille, Ugni blanc	Genovese, Codivarta
JURA	Savagnin, Chardonnay	Pinot blanc
LANGUEDOC	Grenache blc, Bourboulenc, Clairette, Roussanne, Marsanne	Muscat, Maccabeu, malvoisie, chardonnay, viognier, picpoul
LOIRE	Chenin, Sauvignon, Chardonnay, Melon de Bourgogne, Folle Blanche	Romorantin, Grolleau gris, Pinot Blanc, Chasselas
PROVENCE	Clairette, Marsanne, Bourboulenc, Vermentino, Grenache blanc	Ugni blanc, Terret Blanc, Viognier, sauvignon
RHÔNE SEPTENTRIONAL	Roussanne, Marsanne, Viognier	Clairette, Aligoté, Chardonnay
RHÔNE MERIDIONALE	Grenache blc, Bourboulenc, Clairette, Roussanne, Marsanne	Vermentino, Muscat, Viognier, Picpoul, Picardan
ROUSSILLON	Grenache blc, Muscat d'Alexandrie, Muscat à pts grains, Maccabeu	Vermentino - Roussanne - Marsanne - Tourbat
SAVOIE	Altesse, Jacquère, Roussanne, Chardonnay	Aligoté, Chasselas, Molette, Mondeuse blanche
SUD OUEST	Petit Manseng, Gros Manseng, Len de Lel, Mauzac, Courbu	Sauvignon, Ondenc, Folle Blanche, Ugni blanc

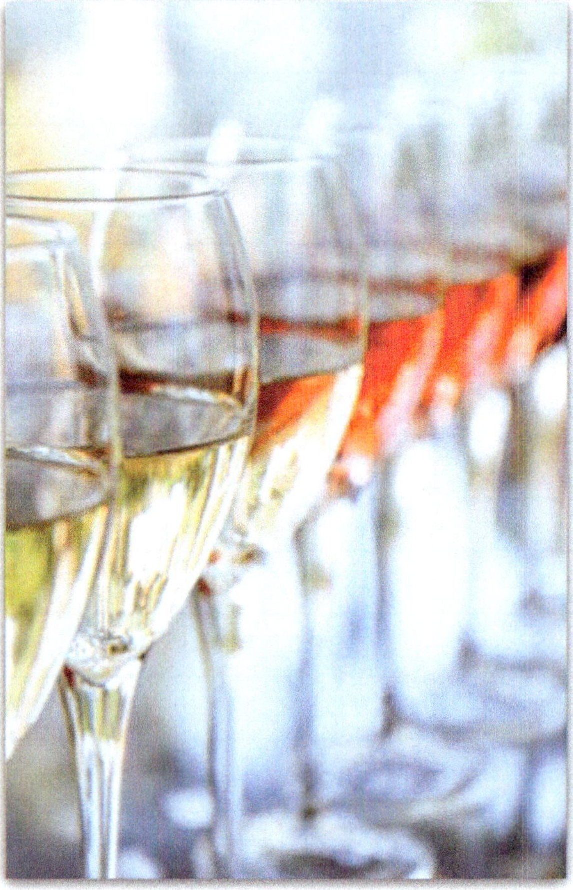

Les types de vins

On entend par types de vins, ce qui les distingue objectivement.

Entre en ligne de compte, sa couleur, sa teneur en sucre, la présence ou non de gaz carbonique.

On distingue trois grands types de vin :

- blanc
- rouge
- rosé

Mais je vous propose, dans les pages suivantes, de vous présenter également tous les autres vins :

- blancs et leurs 7 variants
- effervescents
- oranges
- mutés
- spéciaux

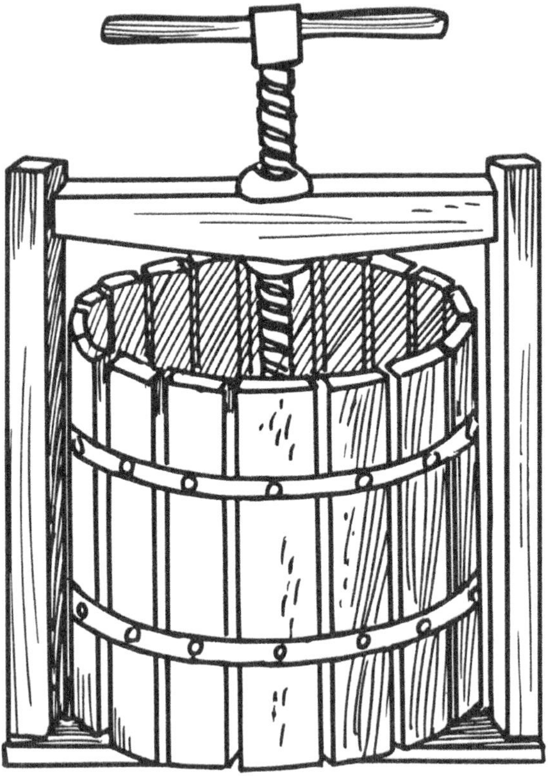

La vinification

Il peut être important, avant de vous détailler les différents types de vins, de comprendre comment on obtient toutes ces différences avec cette merveilleuse matière première, le raisin.

La vinification intervient après la récolte des grappes puis le pressurage ou le foulage de ceux-ci.

C'est à partir du jus, appelé moût de raisin, que l'opération de vinification va commencer.

Celle-ci consiste à transformer le moût de raisin en un type précis de vin (blanc sec, moelleux, rosé, jaune, rouge…) doté de caractéristiques organoleptiques spécifiques.

L'intervention humaine est très importante. N'oublions pas que si on laissait la nature faire, la destinée du vin est de devenir (vin)aigre. En effet, l'alcool en contact avec les molécules d'oxygène est transformé en acide acétique, et donc en vinaigre.

La nature est magique, mais le vin est le fruit de la coopération de l'homme et de la nature.

VIN BLANC	Opérations	VIN ROUGE
Vendanges	Récolte des raisins à la main ou à la machine. Opération très importante, on n'aura pas de grand vin si il n'y a pas de raisins mûrs et sains	**Vendanges**
FOULAGE EGRAPPAGE	On éclate les grains pour libérer le jus. On sépare la *rafle* des grains pour éviter de donner de mauvais goûts	**FOULAGE EGRAPPAGE**
PRESSURAGE	On **sépare** la peau du jus, ou, si ce sont des raisins blancs, on peut laisser macérer quelques heures le jus et les peaux	Macération du *moût* **avec** les peaux, et éventuellement *chaptalisation*. Transformation du sucre en alcool sous l'action des *levures*, *remontage*, *pigeage*	**FERMENTATION ALCOOLIQUE** / **CUVAISON**
DÉBOURBAGE — **SOUTIRAGE**	Eventuellement, On *clarifie* le *moût* en le séparant des débris de peaux et de pulpe. Le jus est transféré dans une cuve pour la fermentation	On tire le Vin de Goutte en bas de la cuve en laissant le Marc à l'intérieur	**ECOULAGE**
FERMENTATION ALCOOLIQUE	Les *levures* mangent sucre et le transforment en *alcool éthylique* et en CO2. Éventuellement on pratique la *chaptalisation*	Le marc est pressé. C'est le Vin de Presse. Il sera éventuellement ajouté au Vin de Goutte	**PRESSURAGE**
ELEVAGE EN FÛT OU EN CUVE SELON LE TYPE DE VIN DÉSIRÉ	Le vin ainsi obtenu est transféré en cuve ou en fût pour s'affiner et se *clarifier* naturellement et éventuellement effectuer sa *fermentation malolactique*	**ELEVAGE EN FÛT OU EN CUVE SELON LE TYPE DE VIN DÉSIRÉ**
FILTRATION / **MISE EN BOUTEILLE**	Pendant toute la vinification, le *sulfitage* est plus ou moins pratiqué pour éviter l'*oxydation*. Eventuellement un *collage*, une *filtration* seront parfois utiles avant de mettre le vin en bouteille	**FILTRATION** / **MISE EN BOUTEILLE**

Mots en italiques voir Mots des Pros page 75

Le vin rouge

La plupart des raisins ont un jus incolore. Par conséquent, pour faire du vin rouge, les peaux de raisin qui contiennent la pigmentation doivent rester en contact avec le jus pendant tout ou une partie du processus de fermentation.

Les tanins qui se trouvent sur les peaux de raisin sont ainsi transférés et vont se fondre dans le futur vin.
Ceux-ci procurent une sensation de picotin sec dans la bouche et dans le fond de la gorge. C'est ce qu'on appelle l'astringence. Les tanins aident également à préserver le vin, permettant à la plupart des vins rouges (mais pas tous) de vieillir plus longtemps.

La couleur de ces vins a tendance à varier avec l'âge. Ils sont plutôt violacés et intenses lorsqu'ils sont jeunes, rouges brique lorsqu'ils sont mûrs, et bruns lorsqu'ils sont plus âgés.

Vin Rosé

Pressurage direct | Saignée

Vendanges — Récolte des raisins à la main ou à la machine. De raisins à jus blanc et peaux noires — **Vendanges**

FOULAGE EGRAPPAGE | | **FOULAGE EGRAPPAGE**

PRESSURAGE — On fait une vinification en blanc de raisins rouges en limitant les contacts du jus et de la peau des raisins et en ajoutant au jus de goutte une partie plus ou moins importante de jus de presse selon la coloration souhaitée. | Après une macération courte de 2 à 24 heures, on "saigne" la cuve, donc on extrait une partie du moût et on la transfère dans une cuve voisine où elle va fermenter. — **Saignée**

FERMENTATION ALCOOLIQUE | | **FERMENTATION ALCOOLIQUE**

ELEVAGE GÉNÉRALEMENT EN CUVE — C'est la technique la plus souvent retenue pour l'élaboration des rosés « modernes » | On obtient en général des vins rosés assez puissants en alcool et assez colorés — **ELEVAGE GÉNÉRALEMENT EN CUVE**

FILTRATION MISE EN BOUTEILLE | | **FILTRATION MISE EN BOUTEILLE**

Le vin rosé

À l'exception du Champagne rosé, qui s'élabore en assemblant du vin blanc et du vin rouge, tous les rosés de qualité sont produits par l'une de ces trois méthodes :

- **La saignée** : c'est le poids des raisins noirs qui fait s'écouler le jus. La macération dure de deux à vingt heures. Les premiers jus sont très sucrés, ce qui rend le rosé élaboré souvent plus «alcooleux». La macération ainsi effectuée donne des jus plus colorés ce qui n'est pas compatible avec le style de certains vins rosés actuels.

- **Le pressurage direct** : la vendange est versée dans le pressoir de sorte que la macération ne dure que le temps du remplissage. En fonction de la couleur des jus et de leur qualité gustative, ces jus seront conservés ou non. Ils peuvent être vinifiés séparément pour être ensuite assemblés selon le style de vin souhaité.

- **La macération très courte** : c'est la même vinification que le vin rouge mais le temps de macération du jus et des peaux est très court afin d'obtenir la couleur désirée. Ces macérations s'effectuent en général à basse température afin d'avoir une plus grande finesse d'arômes.

Méthode Traditionnelle

Ex Méthode Champenoise

Vendanges — Vendanges manuelles uniquement. la machine est interdite

Pressurage — Pressurage directe des raisins non foulés. Par lot de même cépage et de même cru

Sulfitage — Le moût est transféré dans une cuve de décantation. On ajoute du SO2 afin de protéger le moût de l'oxydation

Débourbage — Le moût est débarrassé des impuretés en suspension par décantation pendant 12h. Il est ensuite transféré dans une cuve pour la vinification

Fermentation — Le moût devient du vin. Le fermentation dure de 1 à 2 semaines

Assemblage — On mélange en proportion, variant chaque année, des vins de cépage, terroir et millésime différents afin d'assurer une qualité équivalente chaque année

2ème fermentation ou Prise de Mousse — Le vin est mis en bouteille, après avoir ajouté La liqueur de tirage afin de créer une 2 ème fermentation dans la bouteille close par une capsule en métal. Le gaz carbonique créé par la fermentation sera piégé dans le vin et donnera naissance aux bulles

Remuage — Les bouteilles sont ensuite rangées sur pupitres à l'horizontale puis, chaque jour, elles sont tournées et subissent un mouvement sec afin d'entrainer le goulot vers le bas et donc le dépôt qui s'est formé pendant la fermentation.

Dégorgement Dosage Bouchage — Pour chasser le dépôt, on gèle le goulot dans une solution réfrigérante à -18°, le dépôt est ainsi gelé et expulsé lorsqu'on enlève la capsule en métal. Le champagne perdu est complété par la liqueur d'expédition qui détermine la qualité (brut, 1/2 sec...). Puis a lieu le bouchage et le *muselage*.

Le vin effervescent

Les vins effervescents sont tous les vins contenant du gaz carbonique (CO_2). Selon la quantité de dioxyde de carbone, ils sont identifiés différemment :
- perlant
- pétillant
- mousseux

Les quatre méthodes :

- **La méthode traditionnelle** (tableau ci-contre) est l'ex-méthode champenoise qui consiste en une deuxième fermentation en bouteille et permet de garder emprisonné le CO_2 dans le vin.

- **La méthode ancestrale ou rurale** est l'ancêtre de la méthode traditionnelle. La fermentation alcoolique démarre dans une cuve puis est stoppée par le froid. Le vin est alors mis en bouteille, bouchée. La fermentation continue, le gaz carbonique est ainsi conservé dans la bouteille.

- **La méthode « Cuve close »**. La deuxième fermentation se passe en cuve hermétiquement fermée. Méthode plus rapide et moins couteuse, mais pour une finesse de bulle moindre que des fermentations en bouteilles

- **La gazéification.** Du gaz carbonique est introduit dans la cuve de vin. La qualité est souvent très moyenne !

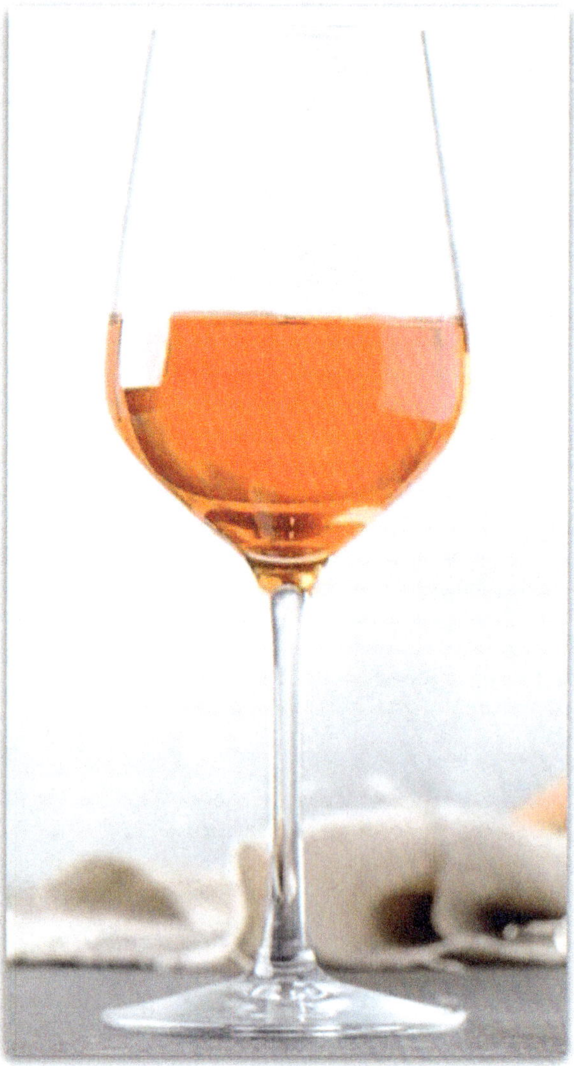

Le vin orange

Cette technique date de plus de 8000 ans et est originaire de Géorgie.

Ce procédé requiert une utilisation particulière des raisins : en effet pour le vin orange, on utilise les raisins entiers dans le processus de fermentation, alors que pour le vin blanc, les raisins sont pressés et c'est uniquement le jus qui est mis en fermentation. Dans le cas du vin orange, le jus issu de cépages blancs macère avec la peau et les pépins, pendant une durée comprise entre une journée à plusieurs mois.

Ce sont les polyphénols et anthocyanes présents sur la peau du raisin qui donnent cette couleur orangée et qui sont à l'origine des arômes du vin. C'est également pour cette raison que l'on peut affirmer que le vin orange, à l'instar du vin rouge, est un vin tanique. Autrement dit, le vin orange serait un vin blanc vinifié à la manière d'un vin rouge.

Ce vin hybride possède à la fois les arômes minéraux et l'acidité des vins blancs mais aussi la texture et les tanins des vins rouges.

Technique de service du Jeres en Andalousie

Le vin muté

Au XVIIème siècle, suite à l'embargo français sur leurs produits, les anglais ont cessé d'acheter du vin français et se sont tournés vers leur allié historique : le Portugal.
Les vins supportant mal le voyage en bateau, ils ont alors décidé de le fortifier en y ajoutant de l'eau de vie pour le stabiliser. Ce serait là le début du mutage.

Il existe deux types de vins mutés :

Les VDL (Vins de liqueur) : le moût de raisin est coupé avec de l'eau de vie en tout début de fermentation. Tout le sucre contenu dans le jus est donc conservé. (Pineau des Charentes, Floc de Gascogne, Macvin du Jura…)

Le VDN (Vin doux naturel) : le mutage a lieu en cours de fermentation.
Comme le Banyuls, Rivesaltes, Porto et le Muscat de Rivesaltes, Frontignan, Beaume de Venise.
Si le mutage a lieu en fin de fermentation, nous obtenons le Xeres (Jeres, Sherry)

Pourquoi ce terme « muté » ?
Quand le vin fermente, il dégage du CO_2, il chante donc ! L'ajout brutal d'alcool interrompt la fermentation et le vin cesse alors de chanter. « Muter » en anglais : réduire au silence.

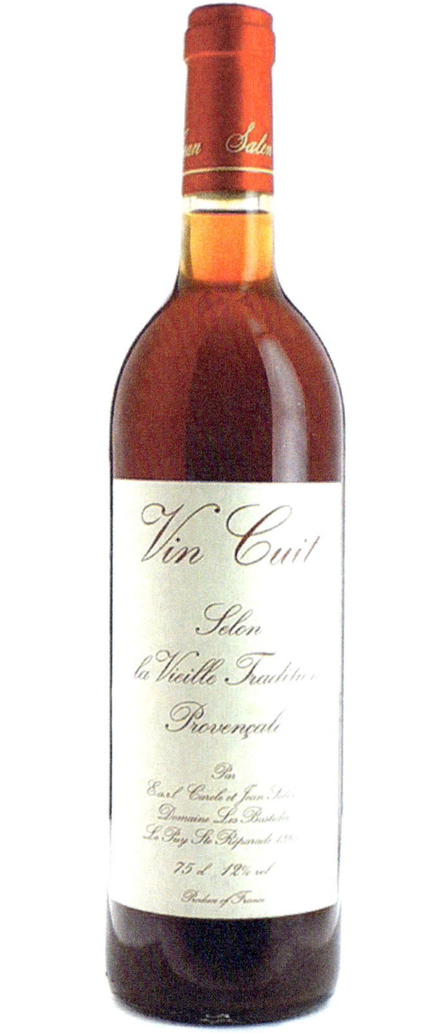
Vin Cuit
Selon
Provençale
Par

Les vins spéciaux

Le vin cuit est un vin dont le moût a été chauffé. De ce fait, il perd son eau et sa concentration en sucre augmente. Les vins sont donc plus sucrés. Très rare et produit essentiellement en Provence.

Le vin gris est un vin rosé possédant une robe aux reflets gris. Les raisins utilisés dans sa confection ont une peau noire et une chair blanche. La vinification de ce vin est différente des autres rosés : le pressurage est direct et le temps de macération est de seulement quelques heures.

Le vin aromatisé est un vin auquel on a ajouté des arômes ne provenant pas du raisin, comme le rosé pamplemousse ou le blanc pêche. Cela donne un vin plus sucré et fruité.

Le Vermouth a été inventé à Turin en 1786 par Antonio Benedetto Carpano à partir d'une recette d'apéritif allemand composé de vin et de Wermut (absinthe en allemand). Élaboré à partir de vin fortifié avec une eau-de-vie, il est ensuite aromatisé par l'ajout de plantes (grandes absinthes), d'écorces, de graines, de feuilles, de fleurs et/ou de zestes d'agrumes.

Les 7 variétés de Vin Blanc

Vin Blanc Sec

Vin Blanc 1/2 Sec

Vin Blanc Moelleux

Vin Blanc Liquoreux

Vin Jaune

Vin de Paille

Vin de Glace

Le vin blanc

Un petit rappel : presque tous les raisins ont des jus blancs. C'est la peau qui va teinter, ou non, le vin.

Pour faire un vin blanc avec un raisin à peaux rouges, il faut enlever les peaux dès le début de la vinification pour empêcher le jus de se colorer.

Selon le style et le genre de vin désiré, les pratiques de vinification diffèrent.

En ce qui concerne le vin blanc, il existe sept façons principales de le vinifier.

Nous pouvons alors dire qu'il y a sept sortes de vins blancs différents.

Les Vins Blancs Secs ont moins de 2 g/l de sucre résiduel (le sucre qui reste quand le vin est fini).

C'est la majeure partie de la production dans le monde. (le Muscadet, le Sancerre, le Meursault, etc)

Certains blancs secs donnent l'impression d'être un peu sucré. Il ne faut pas confondre, la sensation de sucré avec la sensation de fruité. Il y a aussi la texture (la matière que l'on observe en bouche) un vin sec peut avoir une texture plus ou moins épaisse et/ou grasse. Tout dépend de son origine et de l'année.

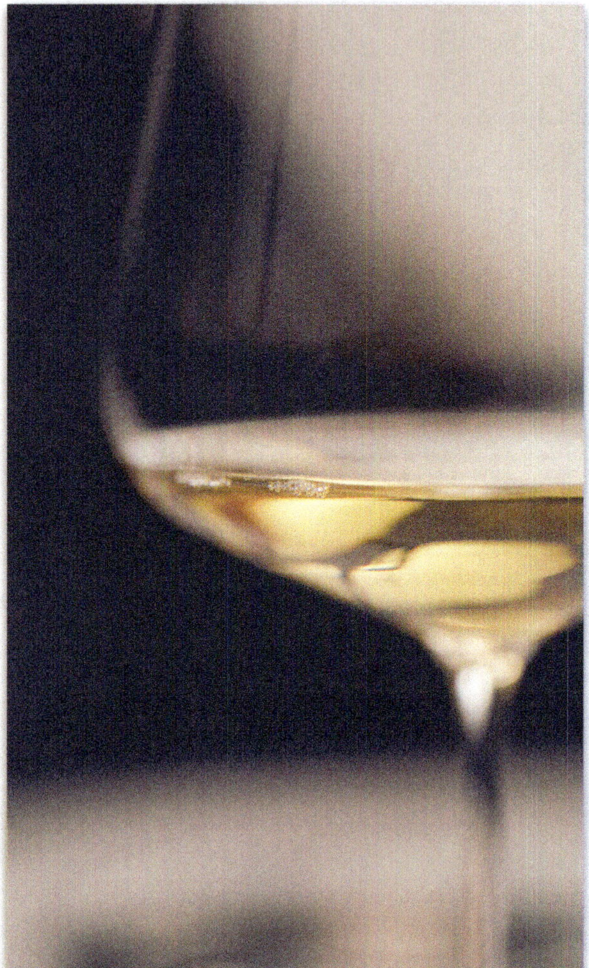

Le vin blanc 1/2 Sec

Il contient entre 2 et 30 g/l de sucre résiduel. Les raisins ont été ramassés en surmaturité (un peu plus que mûr, vous observez cela quand vous cueillez des fruits dans les arbres qui sont un peu mous).

Selon les années on peut décider de ne pas ramasser tout de suite les raisins pour les laisser surmûrir. Le raisin ne fabrique plus de sucre mais c'est l'eau de celui-ci qui s'évapore.

On trouve des 1/2 secs en Val de Loire (Vouvray, Montlouis, Anjou).

Le vin blanc moelleux

Il contient de 30 à 50g/l de sucre résiduel et est donc un peu plus sucré que le 1/2 sec.

Ce sont des vins que l'on appelle en Alsace des «vendanges tardives» et que l'on appelle aussi les vins moelleux (Jurançon, Vouvray, Saumur, Coteaux de Laubance…).

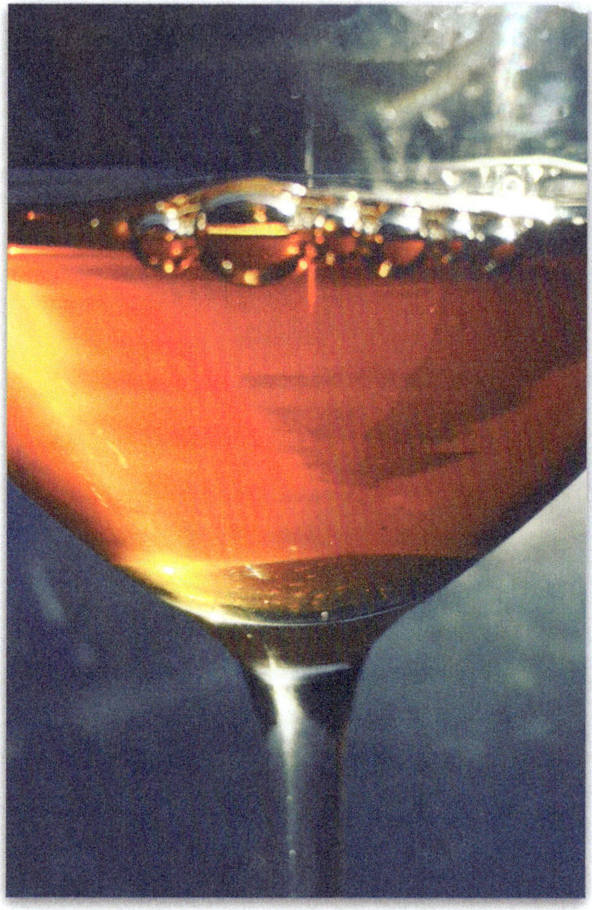

Le vin blanc liquoreux

Il contient plus de 50g/l de sucre résiduel.

La photo ci-contre est un Vouvray liquoreux de la fantastique année 1990 de chez Philippe Foreau que j'ai goûté en 2020, il avait 300 g/l de sucre résiduel et une acidité extraordinaire donc un équilibre parfait !

Un vin liquoreux est très dépendant de la météo de l'année et surtout de l'arrière saison qui doit être chaude et humide pour que se développe un champignon sur la peau du raisin, (le Botritys Cinirea) c'est ce que l'on appelle la pourriture noble. Ce champignon crée des perforations microscopiques dans la peau du raisin, qui laisse s'évaporer l'eau et donc concentre la pulpe en sucre. Les vins blanc liquoreux les plus connus sont le Sauternes, le Coteaux du Layon et en Alsace les SGN (les Sélections de Grains Nobles)

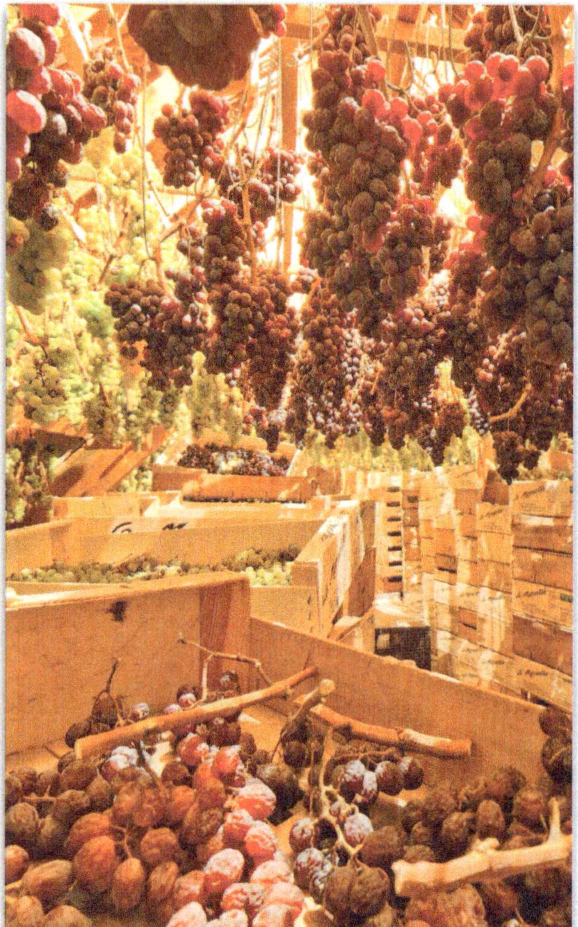

Le vin de paille

Les raisins sont récoltés à maturité et sont ensuite passérillés (action qui déshydrate les raisins en gardant une belle acidité). Ce qui n'est pas le cas d'un passérillage sur souche (sur pied de vigne) qui perd de l'acidité.
On récolte les grappes que l'on dispose sur des claies de paille, ou de bois, ou sur des fils de fer dans une pièce sombre et aérée.

Les vins de paille sont produits dans le Jura pour les plus connus, mais aussi à Tain l'Hermitage dans la Vallée du Rhône, en Provence, en Corse et en Corrèze où on l'appelle le vin paillé.

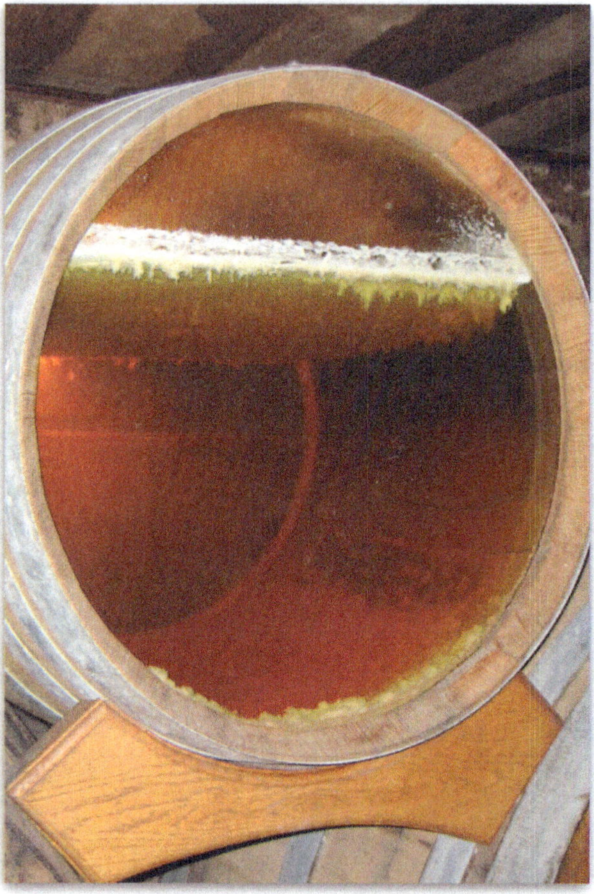

Le vin jaune

Le vin jaune est exclusivement produit dans le Jura, avec le cépage Savagnin suivant un procédé de vinification unique.

Après la fermentation alcoolique, le vin est conservé 6 ans et 3 mois en fût sans ouillage (sans compléter la partie du vin qui s'évapore) Un voile de levure se forme en surface qui préserve le vin de l'oxydation en le privant de contact avec l'air ambiant. Ce procédé contribue à lui conférer des arômes complexes : noix, noisette, amande, pain grillé, miel, cannelle, pain d'épices.

Les conditions mystérieuses de son élaboration sont reproduites dans d'autres endroits du monde, le sud-ouest de la France, la Hongrie, l'Andalousie (sud de l'Espagne).

C'est un vin unique au monde, dans son élaboration, son goût et sa capacité à vieillir.

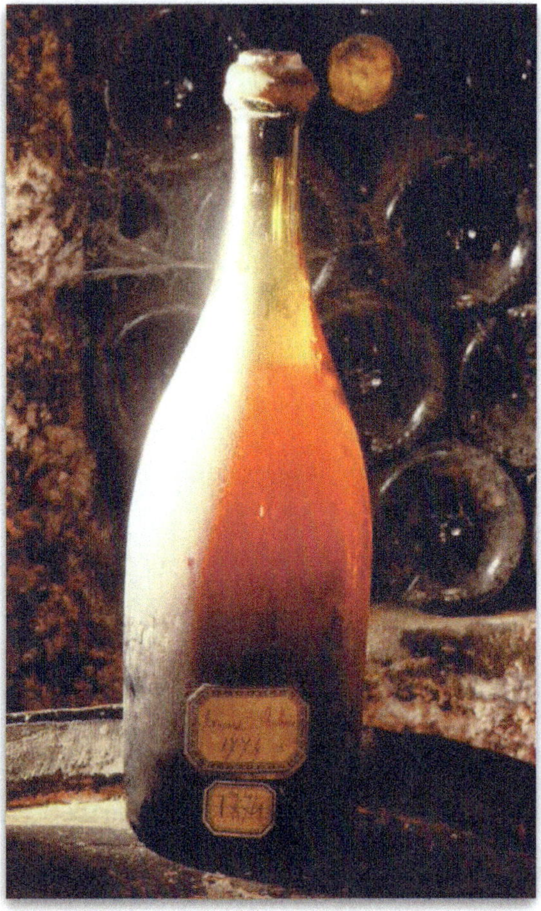

Un vin jaune 1774

Ce vin jaune 1774 a été dégusté en 1994 et voici ce que les dégustateurs ont ressenti :

« Robe vieil or assagi aux reflets ambrés…
Premier nez aux notes épicées, fruits secs.
Second nez avec des nuances de curry, cannelle, vanille, abricot, figue, raisin de Corinthe surmontés de cire d'abeille mêlant des notes de torréfaction.
Final surprenant de délicatesse sur une légère madérisation. »

Un vin dont les vignes ont été plantées sous Louis XIV, vendangées sous Louis XV, et mis en bouteille sous Louis XVI. Conservée dans la même famille depuis cette époque, une bouteille a été vendue au prix record de 103 000 euros lors d'une vente aux enchères le samedi 26 mai 2018 à Lons-le-Saunier dans le Jura.

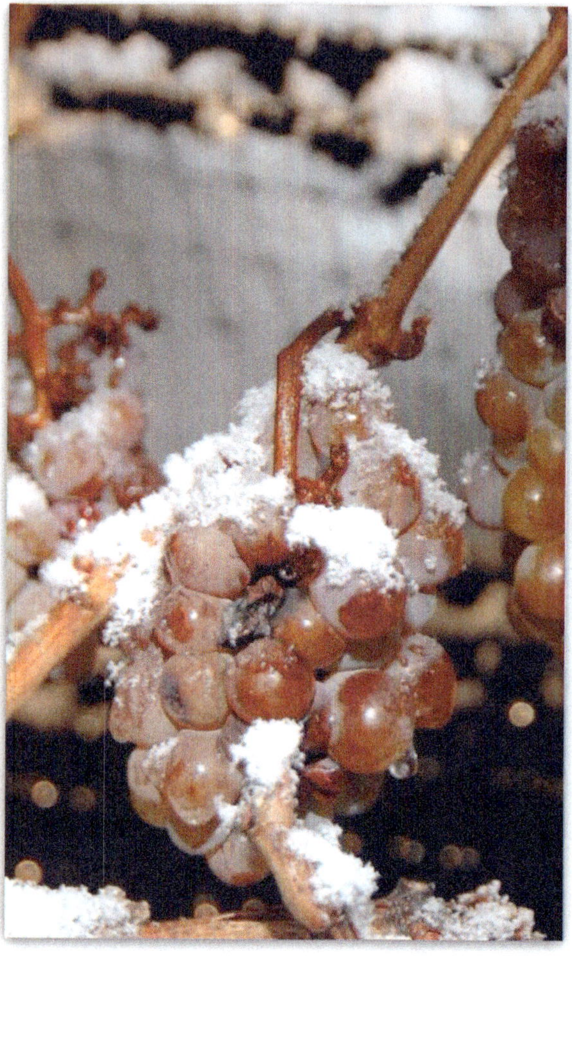

Le eiwein (Vin de glace)

On raconte que les vins de glace ont été découverts par hasard en Franconie, région d'Allemagne, où des viticulteurs ont été surpris en 1794 par le gel précoce de leur vignoble.

Ils ont pressé les grappes et le vin obtenu leur a paru très agréable.

Eiwein est un mot allemand, car c'est dans ce pays qu'il est produit en grande partie, ainsi qu'en Autriche.

En France on l'appelle vin de glace et au Canada icewine.

La méthode consiste à vendanger les grappes quand il fait entre -8°C et -12°C, en général la nuit.

L'eau du raisin étant gelé, quand on presse celui-ci, le liquide très concentré en sucre s'écoule seul.

Il doit avoir au minimum 125g/l de sucre résiduel pour obtenir l'appellation.

La France en 2018

4,6 Milliards de Litres de vin produits

17% de la production mondiale

2ème pays producteur de vin

VENTE DES BOUTEILLES DE VIN TRANQUILLE

Domaine | Grande distribution | Restaurant | Caviste

1er pays exportateur

2ème pays consommateur

3,7 Milliards de bouteilles de vin consommées

9,36 Milliards d'euros de vin exporté à l'étranger

15% de la production agricole française

VINS AVEC APPELLATIONS

- 47% AOC
- 28% IGP
- 8% SANS INDICATION
- 17% ALCOOL DE BOUCHE

La France

En 2019, la France a produit 4,2 milliards de litres de vin soit 17 % de la production mondiale. Il s'agit du 2ème producteur mondial de vin derrière l'Italie. Les trois quarts des vins produits sont des vins tranquilles (non effervescents) dont 55 % en rouge, 26 % en blanc et 19 % en rosé.

La France est le 2ème pays consommateur de vin au monde derrière les Etats-Unis et devant l'Italie. Plus de 3,5 milliards de bouteilles y ont été consommées en 2019. Cette consommation française, en baisse depuis 30 ans, est passée de 100 litres par habitant et par an en 1975 à 40 litres aujourd'hui.

Les vins et spiritueux français sont les deuxièmes contributeurs à la balance commerciale, derrière l'aéronautique et devant les cosmétiques avec 12,7 milliards d'euros. Ils sont également les premiers contributeurs à la balance commerciale pour l'agroalimentaire.

Sources : Le Comité National des Interprofessions des Vins à appellation d'origine et à indication géographique (CNIV)

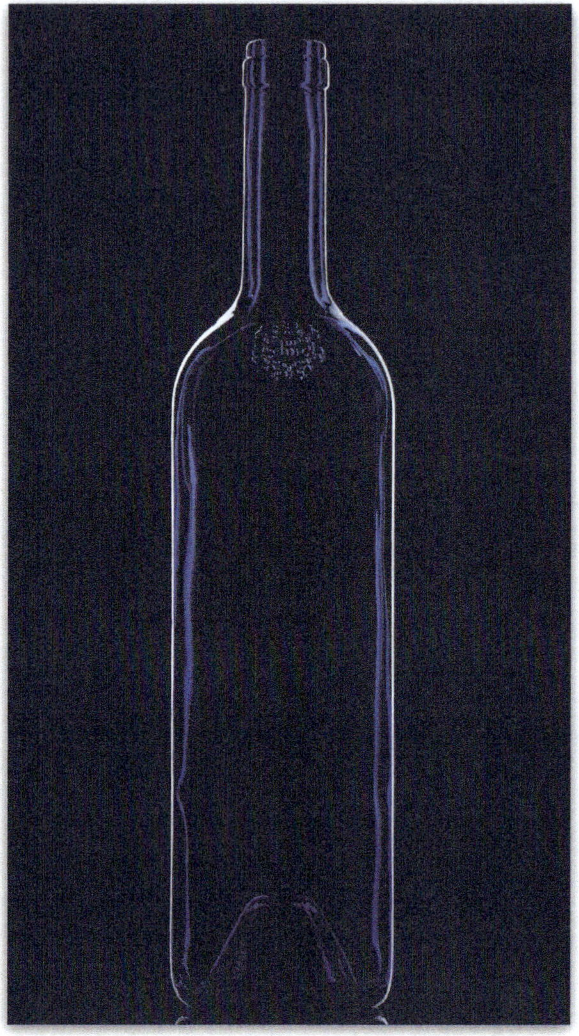

La bouteille de 75cl

On doit cette mesure à nos voisins anglais. Les vignerons bordelais ont choisi cette valeur dès le XIXe siècle parce qu'ils faisaient traditionnellement commerce avec eux.

Lorsqu'ils passaient commande, les Britanniques comptaient le vin avec leur unité de mesure : le gallon impérial, soit 4,54609 litres.

Les vignerons ont donc commencé à fabriquer des tonneaux contenant l'équivalent de 50 gallons (environ 225 litres) pour les exporter plus facilement outre-Manche.

Afin de tomber sur un chiffre rond, une telle quantité permettait de remplir 300 bouteilles de 75 cl.

Nous avons donc : 1 barrique, 50 gallons, 300 bouteilles.
Ainsi un galon valait 6 bouteilles.

C'est d'ailleurs pourquoi, aujourd'hui encore, les caisses de vin sont la plupart du temps vendues par 6 ou 12 bouteilles.

Chaque domaine a son vocabulaire et ses mots techniques.
Il est bon, dans une conversation, de comprendre de quoi on parle !
Voici une liste de mots que vous pourrez éventuellement entendre dans la bouche d'experts, ou lire dans la littérature vinicole.

Les mots des pros

- **Alcool éthylique** : le principal alcool du vin
- **Ampélographie** : la science décrivant les différentes variétés de cépages.
- **Anhydride sulfureux** : soufre, SO2, que l'on rajoute dans le vin pour empêcher l'**oxydation** et le développement de mauvaises bactéries. C'est l'abus de ce produit dans la vinification qui donne, entre autre, le mal de tête et de mauvais arômes dans le vin.
- **Anthocyanes :** pigments naturels des raisins noirs, ils sont présents sous la peau.
- **Assemblage** : mélange de vins d'une même qualité et d'une même origine.
- **Ban des vendanges** : date du début des vendanges pour les AOC, fixé pour chaque département par le commissaire de la République.
- **Botrytis Cinerea** : champignon parasite du raisin qui se développe sur la pellicule. Selon les conditions météo, Il peut développer « la pourriture grise » qui est désastreuse ou la « pourriture noble » qui nous donne les grands vins liquoreux.

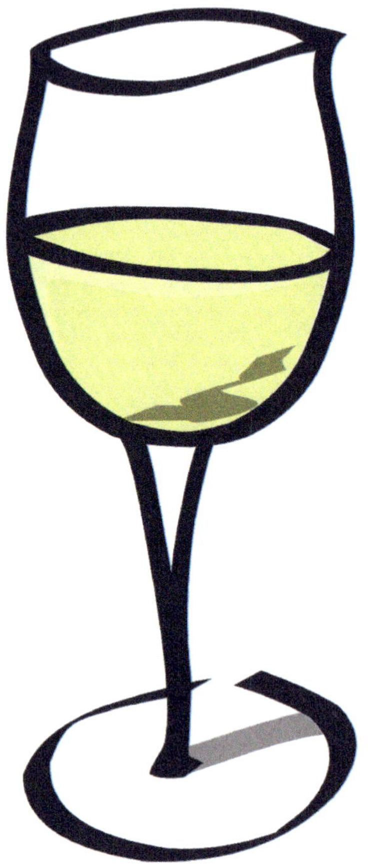

- **Chai** : cellier construit au-dessus de la surface du sol où l'on conserve le vin en fûts.
- **Chapeau** : amas de particules solides qui remonte en haut de la cuve pendant la fermentation.
- **Chaptalisation** : apport de sucre pendant la fermentation pour augmenter le degré alcoolique, très réglementé.
- **Cépage** : un type de plant de vigne. (chardonnay, merlot, etc.).
- **Cep de vigne** : un pied de vigne d'un cépage donné.
- **Clarifier, clarification** : opération permettant d'obtenir un vin brillant et limpide. Plusieurs procédés peuvent être utilisés : centrifugation, filtration, collage.
- **Clonage, clone** : l'évolution d'une variété de vigne. Naturellement, elle s'adapte à l'environnement local. Artificiellement, grâce à l'intervention de l'homme.
- **Coller, collage** : opération de clarification qui consiste à ajouter dans le vin une « colle » afin de précipiter les particules en suspension. Selon la couleur du vin et du résultat voulu on utilise : la bentonite, la caséine, le blanc d'oeuf (frais ou en poudre) ou la colle de poisson.

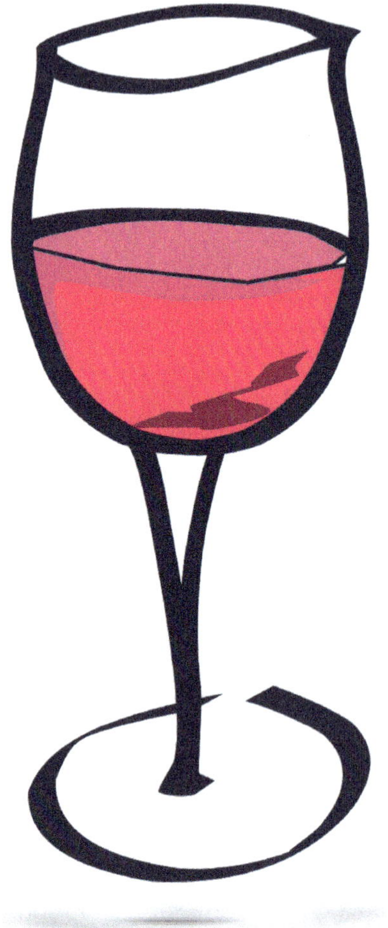

- **Colle de poisson** : agent de clarification fourni par la vessie natatoire de l'esturgeon.
- **Cuvaison** : phase de la fermentation des vins rouges durant laquelle le jus est maintenu en contact avec les peaux et les pépins du raisin. C'est une phase très importante qui permet d'extraire la couleur, les tanins, les arômes et d'autres substances. La durée de cuvaison est l'un des facteurs les plus importants de la qualité d'un vin. C'est elle qui déterminera le style du vin recherché.
- **Cuve close** : Méthode d'élaboration de vin mousseux bon marché qui consiste à créer une seconde fermentation dans une cuve hermétique.
- **Cuverie** : espace servant à la vinification du vin.
- **Débourbage** : transférer le jus afin de séparer les grosses lies.
- **Dégorgement** : opération consistant à geler le dépôt au niveau du goulot, d'ouvrir la bouteille et d'expulser le glaçon emprisonnant le dépôt qui s'est formé lors de la deuxième fermentation en bouteille pour la méthode traditionnelle.

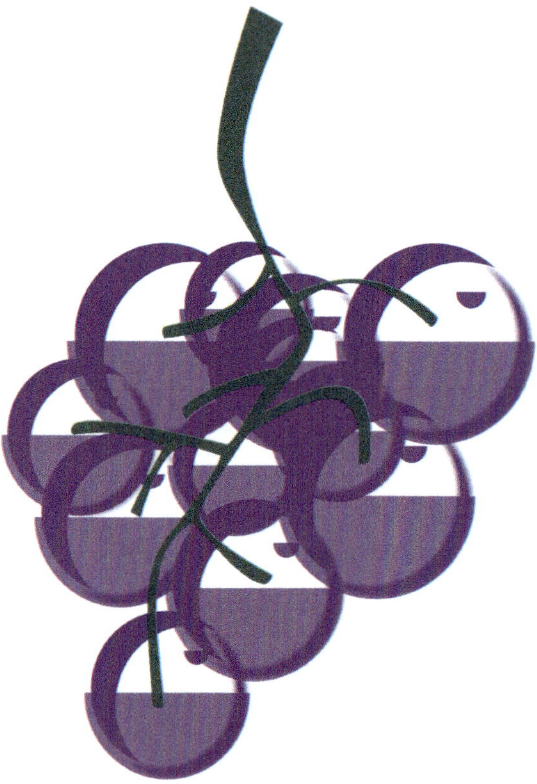

- **Dosage :** action d'ajouter la liqueur de dosage ou d'expédition.
- **Ecoulage :** opération qui consiste à séparer le vin des parties solides (peaux, pépins) qui restent en fin de fermentation.
- **Égrappage :** séparer la rafle des baies. Sinon, cela risque de donner au vin des goûts herbacés.
- **Élevage** : étape qui se situe entre la fin de la fermentation alcoolique et la mise en bouteille.
- **Enzymes :** protéines qui catalysent une réaction biochimique en l'accélérant. Ainsi, une réaction qui met une seconde en présence d'une enzyme prendrait 12 jours en son absence, soit une accélération d'un facteur d'un million.
- **Fermentation alcoolique :** transformation du sucre en alcool sous l'influence des levures, avec production de gaz carbonique (CO_2). Le moût se transforme en vin.
- **Fermentation malolactique :** aussi appelée « la malo », c'est un processus biochimique de transformation de l'acide malique (acide très fort) en acide lactique (acide plus doux)ˆ

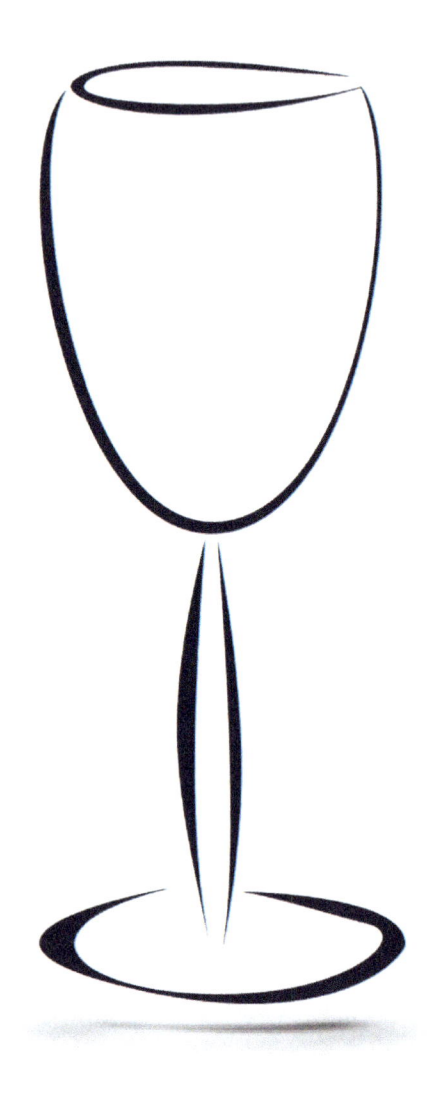

- **Filtration , filtré** : procédé de clarification afin de rendre le vin limpide.
- **Flash pasteurisation** : opération qui consiste à chauffer le vin à 71,5-74°C pendant 15 à 30 secondes afin d'éliminer bactéries et levures.
- **Foudre** : cuve en bois de grande capacité.
- **Fût** : barrique de chêne de 200 à 300 litres selon les régions.
- **Greffage** : action d'insérer un greffon (la partie porteuse des feuilles et fruits) dans un porte-greffe.
- **Hybrides** : croisement entre les variétés afin d'améliorer la résistance aux maladies.
- **Lie** : dépôt du vin constitué en grande partie de levures inactives. Elle enrichit le vin et développe ses arômes.
- **Liqueur de dosage, d'expédition** : sucre ajouté dans un vin mousseux après le dégorgement afin de déterminer le type de vin (brut nature, extra-brut, brut, extra-sec, sec, 1/2 sec, doux).
- **Liqueur de tirage** : mélange de vin tranquille, de sucre et de levures destiné à activer la fermentation en bouteille (prise de mousse).

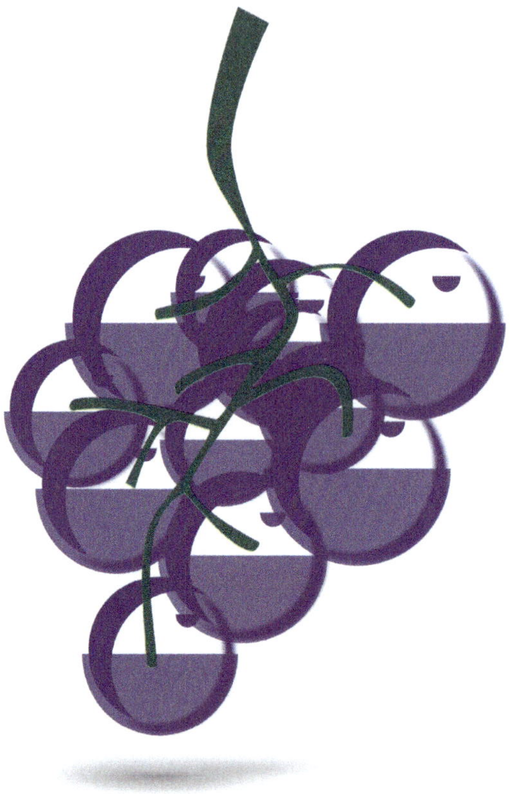

- **Levures** : champignons microscopiques d'importance vitale en vinification., on en dénombre 10 millions par ml. Elles sont indispensables pour mener à bien la fermentation alcoolique et sont très influentes sur les arômes du futur vin.
- **Millésime** : année de récolte d'un vin.
- **Micro-oxygénation** : oxygénation mesurée du vin en cuve
- **Moût** : jus de raisin non fermenté destiné à l'élaboration du vin.
- **Moût Concentré Rectifié** : sirop de sucres de raisin inodore et pur, constitué d'environ 50% de glucose et 50% de fructose. Le taux de sucre est de l'ordre de 870 g/l. Il doit être obtenu par déshydratation partielle de moût de raisin autre que le feu direct Ce moût subit les traitements autorisés d'élimination des composés autres que le sucre (acides, arômes, minéraux, vitamines….)
- **Muselage** : opération qui consiste à mettre un muselet pour maintenir le bouchon en liège sur la bouteille de Champagne.

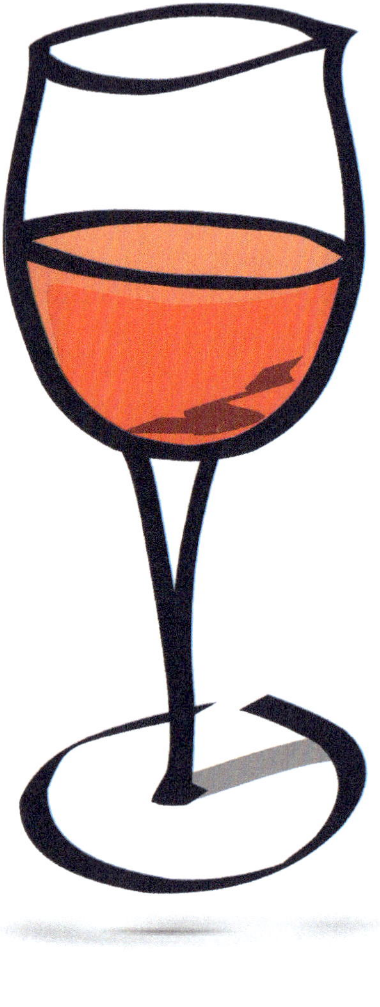

- **Oïdium** : maladie cryptogamique (causée à une plante par un champignon) qui altère la peau du raisin
- **Ouillage** : action de remplissage périodique par le trou de bonde afin de maintenir le niveau maximal de vin dans le fût pour éviter une oxydation
- **Phylloxera** : puceron de la vigne responsable de la quasi destruction du vignoble européen à la fin du XIXe siècle. Quand tout fut détruit, on privilégia les meilleures terres pour replanter avec les meilleurs cépages
- **Pigeage** : technique qui consiste à enfoncer le chapeau
- **Rafle** : le squelette de la grappe de raisin.
- **Remontage** : opération consistant à pomper le vin par le bas de la cuve et à le rejeter par le haut.
- **Remuage** : opération consistant à tourner chaque jour les bouteilles de Champagne ayant reçu la liqueur de tirage, afin de rassembler progressivement le dépôt de levure près du bouchon. Un bon remueur peut tourner 40 000 bouteilles par jour.

88

- **Soutirage :** action de transférer le vin après fermentation pour le libérer du CO_2 et des grosses lies.
- **Sulfitage :** action d'ajouter de l'anhydride sulfureux ou dioxyde de soufre ou SO_2
- **Trou de bonde :** ouverture dans le haut d'une barrique
- **Vendange :** récolte des raisins destinés à la production de vin.
- **Vin de cépage :** c'est un vin qui mentionne sur son étiquette le nom du cépage utilisé pour sa composition. Il peut être mono-cépage ou bi voire tri-cépages.
- **Viticulteur :** celui qui cultive la vigne. Généralement, il apporte le raisin produit à une cave coopérative et ne vinifie pas.
- **Vitis Vinifera :** c'est la principale espèce de vignes cultivée en Europe et dans le monde. Elle sert à produire les raisins de table, raisins secs et raisins de cuve destinés à la vinification.
- **Vigneron :** celui qui cultive la vigne et vinifie. Il est producteur et généralement dirige sa propre exploitation.

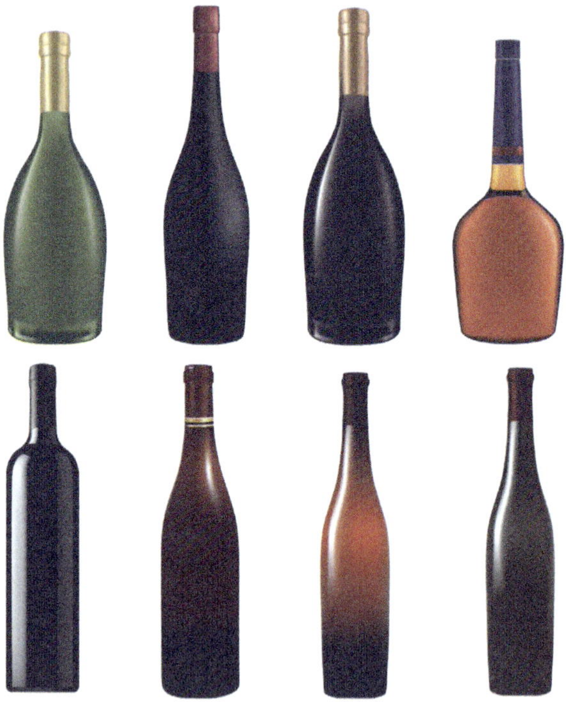

Choisir

La France est le pays, avec l'Italie, qui produit le plus de vins au monde et qui offre la plus grande diversité.

C'est un énorme avantage d'avoir tout ce choix, mais un inconvénient aussi : lequel choisir ?

On peut diviser les styles de vin en trois catégories :

- **Le vin de consommation courante** au goût simple, facile à identifier et bon marché.

- **Le vin « stylé », de plaisir, de curiosité** d'un bon rapport qualité-prix et qui a un style particulier.

- **Le vin de « caractère »** bien identifié, destiné à la garde et à des moments privilégiés.

Je ne parlerai pas des vins de qualité, car cette notion correspond à l'agrément de chacun.

La qualité dépend de la perception de chaque individu qui varie selon son origine géographique, sa culture, ses habitudes alimentaires, sa sensibilité.

Avant toute chose, vous devez connaitre vos goûts et éventuellement les goûts de vos amis. Pour cela apprenez à identifier vos préférences lorsque vous buvez du vin.

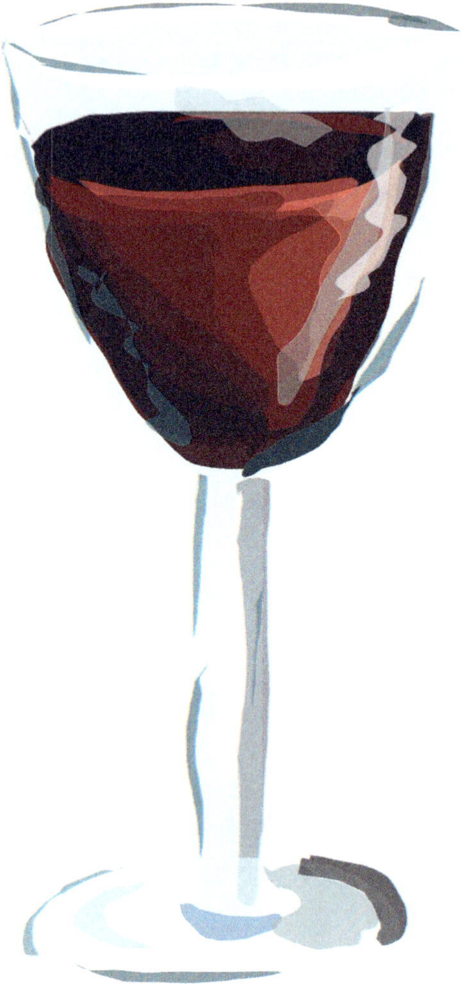

L'important est que vous preniez du plaisir, ne vous laissez pas influencer par les modes et le marketing qui sont très puissants dans ce domaine.

Les possibilités d'approvisionnement en vins sont très variées et ne présentent pas toutes les mêmes avantages.
Les endroits où acheter du vin sont connus de tout le monde ou presque, et accessibles très facilement.

J'achète et je vends du vin depuis 30 ans, mon métier de sommelier est d'acheter les meilleurs vins aux meilleurs prix et être capable de les revendre, ce qui veut dire qu'ils doivent être adaptés à l'endroit où je travaille, le concept du restaurant, au goût de la clientèle.

Du vin qui dort en cave, c'est de l'argent, de la trésorerie qui est immobilisée et il ne faut pas le stocker trop longtemps.
Donc, j'ai appris à être un très bon acheteur et un bon vendeur.

Je vous livre ainsi les avantages et les inconvénients des sources d'approvisionnement les plus connues en France, que j'ai, bien sûr, testé à nombreuses reprises.

Avantages :

Le caviste est généralement un passionné et un grand connaisseur de ce qu'il propose dans sa boutique. Il pourra faire du sur-mesure quant à vos demandes.

Il vous propose des vins qui sont produits en petites quantités, une manière de faire découvrir à vos amis des curiosités ou de faire des cadeaux uniques.

La plupart sont en ville et ont compris que c'était aussi le service qui faisait la différence, c'est pour cela que la plupart vous livrent à la maison.

Les tarifs, à qualité égale, sont les mêmes qu'en grandes surfaces.

On fait travailler le commerce de proximité.

La plupart d'entres eux n'hésiteront pas à vous échanger une bouteille que vous n'auriez pas appréciée

Inconvénients :

On peut rarement garer son véhicule devant (mais la plupart livrent alors...)
je n'en vois pas d'autres...

Acheter chez un caviste

En général, la clientèle des villes n'a pas la place de se constituer une véritable cave, c'est pourquoi elle se fournit généralement chez les cavistes. La plupart des bouteilles qui sont achetées, le sont souvent pour être consommées rapidement.

En misant sur des vins moins connus, avec du conseil, des histoires à raconter, les cavistes marquent leur spécificité.

Il existe, comme partout, le risque d'avoir à faire à quelqu'un de moyennement professionnel, c'est pourquoi il ne faut pas hésiter à le questionner sur son parcours, sur sa façon de sélectionner les crus de sa boutique.

Avantages :

Des tarifs qui peuvent être intéressants, surtout pendant les foires aux vins.
On achète son vin en même temps que ses aliments.
La grande diversité de choix en vins à petits prix.

Inconvénients :

Les bouteilles sont généralement conservées dans des conditions moyennes (debout, à la chaleur, à la lumière).
L'offre est tellement grande qu'il est difficile de faire son choix.
Il y a très très rarement quelqu'un pour vous conseiller, sauf lors des foires au vins. C'est pourquoi il est important de pouvoir comprendre les étiquettes.
La politique d'achat de la GD est le prix et la quantité avant tout.
A savoir qu'il faut qu'ils soient certains, quand ils commandent une référence, de sa disponibilité en quantité suffisante pendant une longue période. Les fournisseurs de ce genre de vins seront les grosses maisons de négoce et des importantes caves coopératives à qui la GD demande toujours des prix très bas.
Quelque soit le produit, la qualité est limitée par un prix minimum, au delà, soit le fournisseur perd de l'argent, soit il vend un produit qui lui coûte moins cher, donc...

Acheter dans la grande distribution

La grande distribution continue à augmenter ses parts de marché en ce qui concerne la vente de vin, surtout en hard discount ce qui montre l'intérêt des consommateurs pour des prix plus attractifs.

Mon conseil :
Certains responsables des rayons vins de grandes surfaces sont passionnés de vins et proposent une sélection intéressante.
On peut la reconnaitre à une présentation soignée, une mise en scène de cave (un éclairage plus doux, les bouteilles couchées) Ils peuvent faire appel à des vignerons pour faire déguster leurs vins et un sommelier peut être présent pour vous conseiller.
Si vous remarquez ce genre de conditions, vous pouvez y aller en confiance, mais avec quand même toujours un risque de déception.

Avantages :

En une journée, vous faites le tour de France des vignobles en rencontrant les propriétaires directement.

Vous pouvez tout goûter, c'est pour cela qu'il est important de connaître les bases de la dégustation.

Les salons indépendants sont le lieu idéal pour découvrir de nouvelles régions d'appellation, rencontrer les vignerons, bref entrer en contact avec le côté authentique de la viticulture française.

Inconvénients :

Il y a parfois beaucoup de monde et les conditions de dégustation et de concentration sont plus difficiles.

Allez-y avec un chauffeur car l'ambiance conviviale de l'endroit vous incite à goûter tellement de vins, que le retour en voiture est un peu risqué.

Acheter dans les salons

Ce sont des manifestations organisées, généralement une fois par an, qui regroupent des vignerons de la France entière, voire d'autres nations du vin également.

Ce sont souvent des salons à thèmes rassemblant des vignerons partageant les mêmes idées.
- ViniCircus, salon des vins natures à Hédé
- Salon de la Dive Bouteille à Saumur

Ou des salons plus généralistes :
- Le Salon des vignerons indépendants dans toute la France
- Le Salon des caves particulières à Paris
- Le salon des vins de Loire à Angers
- Vinexpo à Paris

La liste complète des salons ici :

Avantages :
La plus grande cave mondiale à votre disposition, des bouteilles rares. Pratique, gain de temps, possibilité de comparer pour dénicher les bonnes affaires, effet incitatif de l'avis des internautes, prix attractifs.

Inconvénients :
Le coût du transport peut être élevé. Attention à ne pas se faire livrer pendant des périodes de températures extrêmes.

Acheter en ligne

Longtemps habitué à des taux de croissance record (+ de 30% par an en moyenne entre 2008 et 2015), le marché s'est peu à peu essoufflé.

Les ventes de vins en ligne ont depuis progressé de seulement 6% par an en moyenne jusqu'en 2022. Elles représentent aujourd'hui 10% des ventes de vins.

Ce mode de distribution permet de satisfaire une clientèle souvent pointue et exigeante. Lorsqu'on est connaisseur, passer par l'e-commerce semble donc être une bonne façon de se procurer rapidement une bouteille haut de gamme. Pour une réception ou un cadeau un peu prestigieux par exemple.

Les applications mobiles

- idealwine
- WineAdvisor
- Twil
- Vivino
- Raisin
- Abacchus
- Wine-Searcher

Les sites et applis pour acheter en ligne :

- **Les Pures Players "Généralistes"** : Cdiscount, Ventes-privées

- **Les Pures Players "Spécialistes"** : Wineandco, vinatis, millésimes

- **Les Sites de Vins Spécialisés** : lebaroudeurduvin, vins-étonnant

- **Les sites de cavistes** : lavinia.fr, nicolas.com

- **Les sites de vente directe** : lesgrappes, lesvinsbiodefrance

- **Les sites de vignerons** : avec une boutique en ligne

- **Les Box et Abonnements** : troisfois-vin, lepetitballon

- **Les Applications Mobiles** : Raisin, Twill, idealwine

- **Les Ventes Privées** : 1jour1vin, ventealapropriété, 20h33

Avantages :

Le contact direct, le vin que vous achetez a maintenant une histoire que vous pouvez raconter à vos amis.

Le fait de faire «l'effort» de se rendre à la propriété séduira le vigneron qui sera plus à même de vous céder quelques bouteilles plus rares qui ne sont pas officiellement à la vente.

Inconvénients :

Les kilomètres en voiture, mais, si vous êtes plusieurs vous pouvez louer un mini bus.

Le prix ne sera pas systématiquement plus intéressant, car le vigneron ne doit pas être en désaccord commercial avec ses revendeurs.

Acheter chez le producteur

Le fait de rencontrer le vigneron, de voir où et comment le vin que vous achetez est produit, lui donne une valeur particulière.

C'est la méthode la plus rapide et la plus efficace pour apprendre. Il faut un peu de temps mais il n'y a pas de miracle, quand vous êtes en immersion volontaire au coeur du vignoble, vous assimilez, certes quelques verres de vin, mais aussi pléthore de connaissances.
C'est, à la fois, un séjour culturel, gastronomique, de plein air entre amis.

Avantages :

Cette méthode de vente réservée aux grands crus permet, normalement, d'acquérir des vins à des prix inférieurs à ceux du marché.

Pour acquérir des crus produits en très petites quantités, ou certains Châteaux très rares que l'on peut espérer obtenir que de cette manière.

Inconvénients :

Cependant, le stock de bouteilles ainsi mis en vente est restreint et n'est donc disponible qu'une partie de l'année. Lorsque le millésime est bon, comme en 2009, les prix à l'achat atteignent vite des sommets.

Acheter en primeur

Il permet d'acheter un vin alors qu'il est encore en élevage au château, c'est-à-dire lorsqu'il n'a pas atteint toute sa valeur à la fois gustative et financière. Il ne vous sera généralement livré qu'une ou deux années après votre paiement.

L'achat en primeur se fait généralement par l'intermédiaire de sociétés spécialisées ou de cavistes, qui eux-mêmes passent par des négociants. Dans le Bordelais, les vins ne sont pas achetés directement au château, mais à des négociants. Ces derniers ont des quotas qu'ils sont obligés d'honorer s'ils veulent continuer à travailler avec les châteaux.

C'est un bon système pour les châteaux car le négociant achète un vin moins cher et en contrepartie le vigneron a assez de trésorerie pour financer son élevage.

Avantages :
Cette méthode de vente réservée aux grands crus permet, normalement, d'acquérir des vins à des prix inférieurs à ceux du marché.
Pour acquérir des crus produits en très petites quantités, ou certains Châteaux très rares que l'on peut espérer obtenir que de cette manière.

Inconvénients :
Cependant, le stock de bouteilles ainsi mis en vente est restreint et n'est donc disponible qu'une partie de l'année. Lorsque le millésime est bon, comme en 2009, les prix à l'achat atteignent vite des sommets.

Records en vente aux enchères

- Un Impérial (6l) de **Château Cheval blanc de 1947**, Saint-Émilion, a été adjugé 304 375 $ le 16/11/2010 à Genève

- **Un vin jaune du Jura** datant de 1774 a été vendu 103 700 euros

- Une bouteille de **Romanée Conti 1945** adjugée 558 000 $ à New York, le 13 octobre 2018 (Record historique mondial) Cette bouteille était estimée à 32000 $ au début de la vente.

Acheter aux enchères

Des ventes de vins sont régulièrement organisées dans les grandes villes.

Les vins proviennent :
- De particuliers collectionneurs qui se séparent de la totalité ou d'une partie de leur cave.
- De saisies diverses.
- De restaurants qui se séparent de quelques bouteilles pour faire un peu de trésorerie ou de place.

C'est le cas de la Tour d'Argent à Paris, (une des plus grandes caves du monde avec près de 450 000 bouteilles sur 1250 m2) qui a vendu aux enchères en 2009, 18000 bouteilles.

Les deux plus grandes sociétés internationales de ventes aux enchères sont Christie's et Sotheby's.
Les trois premières places mondiales de ventes aux enchères de vins sont New York, Londres et Hong Kong, où les taxes sur l'importation de vin ont été abolies en 2008.
Les Chinois sont des clients réguliers lors des ventes les plus prestigieuses d'objets d'art, de bijoux ou de vins, et Hong Kong est une plateforme pour le vin en Asie et une formidable porte d'entrée pour la Chine.

Avantages :

Des tarifs préférentiels grâce aux commandes groupées.
Des dégustations organisées pour sélectionner au mieux.

Inconvénients :

Les vins ne seront peut-être pas à votre goût.
Les commandes sont à retirer à une date précise.
Il faut souvent commander un minimum de bouteilles.

Acheter en club oenophile

Il s'agit de groupes de passionnés réunis dans un club qui se retrouvent régulièrement pour déguster leurs dernières trouvailles.

Ils proposent généralement à la vente une sélection de vins à des prix intéressants.

Les plus connus étant le Savour Club et Le Club des Vins de France.

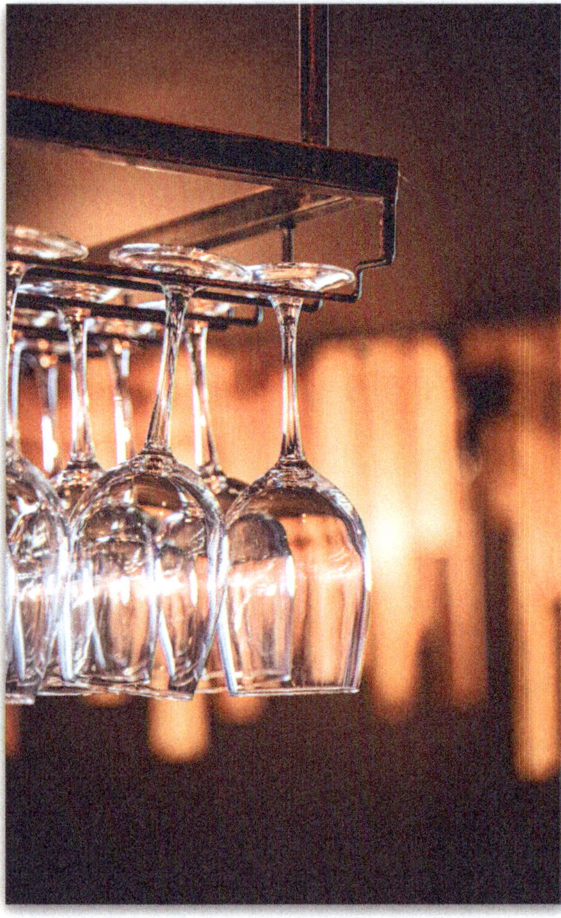

Choisir son vin au restaurant

Si vous lisez ce livre c'est que le vin vous intéresse quelque peu et je suis certain que c'est vous qui prenez l'initiative du choix des vins au restaurant.

95 % des restaurants n'ont pas de sommelier et très peu ont le personnel compétent pour le bon conseil.

Malgré le fait que nous sommes le « pays du vin » les endroits où le vin est respecté et mis en valeur sont rares (ça progresse depuis quelques années avec la nouvelle génération de jeunes passionnés qui s'installent).

Si c'est vous qui choisissez le vin, les compliments sur son choix vous reviendront, les critiques également.

Alors pour être reconnu comme l'expert à qui l'on demande conseil, voici quelques astuces pour vous aider à bien choisir.

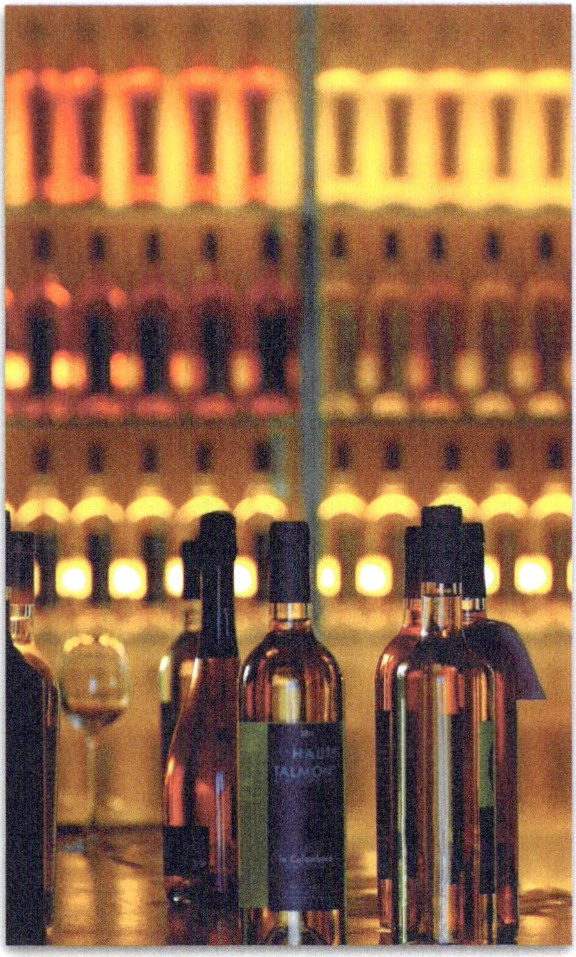

Repérer le bon restaurant

De l'extérieur, certains indices vous permettent de reconnaitre le bon bistrot à vins.
Au moins cinq vins sont censés être affiché sur le menu à l'extérieur, c'est obligatoire. Regardez si le producteur est mentionné, les millésimes sont inscrits, la région est précisée.

En regardant par la vitre à l'intérieur, essayez de voir si vous apercevez une armoire à vin, ils prennent soin de leur vin. Repérez la forme des verres qui est très importante pour bien déguster. Si la carte des vins est sur une ardoise, cela veut dire un changement fréquent d'offre, donc quelqu'un qui s'intéresse et veux faire découvrir ses trouvailles.

La décoration.

Même si je n'ai rien contre eux, méfiez-vous des « décors de décorateur ».
Ce que j'appelle ainsi sont les endroits ou l'on veut donner un thème au restaurant simplement avec le décor. Comme Disneyland, c'est très bien fait mais tout est faux.
Il y a beaucoup de concepts de restauration où l'on a tout misé sur la décoration. Mais la nourriture et les boissons sont industriels avec du personnel très peu qualifié.
Privilégiez une ambiance avec des bouteilles vides prestigieuses exposées, des photos de producteurs au mur, où vous ressentez une histoire du vin, des vins, l'histoire du lieu.
Fiez-vous à votre instinct.

IWINERESTO est une application de carte des vins sur tablette tactile que j'ai cocréé et qui aide les clients des restaurants à choisir le meilleur vin quand il n'y a pas de sommelier dans l'établissement.

Repérer la bonne carte

La carte des vins peut se présenter de plusieurs façons : papier, ardoise, tablette, etc.

Le support dépend de la manière de travailler du restaurateur et de son intérêt pour le vin. Il est forcément intéressé financièrement car les boissons apportent du chiffre d'affaire à forte marge.

Voici les indices qui démontrent une qualité d'offre.

Les régions proposées : offre très large beaucoup de régions, voire d'autres pays. Des régions méconnues, moins médiatiques et donc souvent moins chères.

Vins servis aux verres, aux pots : celui qui propose ce service doit s'en occuper de très près. Car les bouteilles entamées ne doivent pas le rester longtemps et doivent donc être gérées avec du personnel qualifié, apte à conseiller.

Si vous apercevez derrière le bar du restaurant des machines à l'azote qui conservent les bouteilles entamées pendant plusieurs jours, ça démontre un établissement où l'on prend soin du vin. Cette prestation nécessite un investissement important qui va se retrouver dans le prix du verre.

L'offre des vins sur ardoise peut indiquer un patron qui a des coups de coeur et veut en faire profiter ses clients.

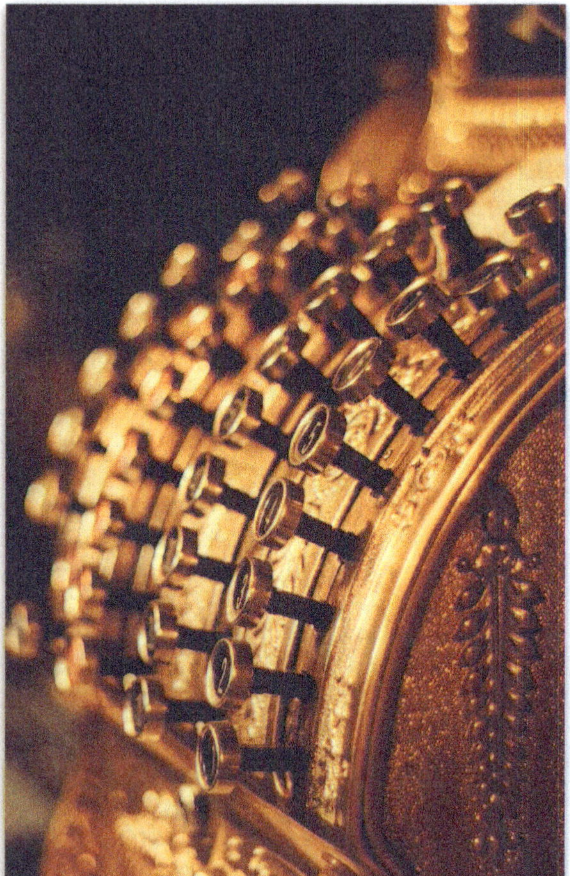

Repérer le bon prix

Selon les statistiques, le prix moyen que les gens mettent dans l'achat d'un vin au restaurant est le prix du menu intermédiaire. Si vous avez un menu à 15 euros, un menu à 25 euros, un menu à 45 euros, on dépense souvent 25 euros dans la bouteille.

Ce sont des statistiques que l'on recense mais le prix raisonnable est d'abord celui que vous estimez, tout dépend des événements.

Qu'est ce que le bon prix ?

Il est différent selon chacun de nous, selon les occasions et le contexte.

On peut parler de bon prix ou de juste prix lorsque la somme que l'on dépense est en cohérence avec ce que l'on attend.

Cela peut dépendre aussi, si c'est une soirée entres amis, une demande en mariage, un dîner avec des collègues de travail, un déjeuner... Dans le même restaurant, avec le même menu vous ne dépenserez pas la même somme d'argent dans le prix du vin.

Le bon prix est celui que vous voulez mettre. Si vous êtes heureux en goûtant un vin que vous avez payé très cher vous allez trouver que le prix est bon. Et la même bouteille dégustée dans une mauvaise ambiance, avec un service détestable rendra ce même vin très cher.

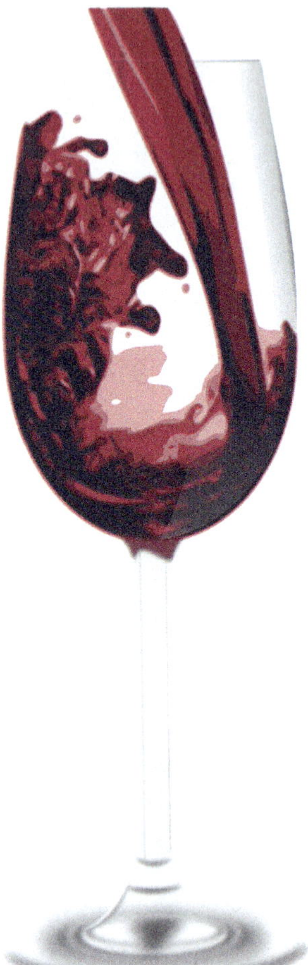

Servir le vin

Servir un verre de vin, c'est préparer le moment :

Quelle est la température idéale de service ?
Quel tire-bouchon utiliser ?
Faut-il carafer le vin et combien de temps avant ?
Quel verre choisir ?
Y a t'il un ordre de service pour déguster ?

Le service est très important pour mettre en valeur votre vin ou tout du moins ne pas l'amoindrir.

Boire un verre de vin c'est se désaltérer, prendre du plaisir mais c'est aussi goûter l'expression d'un terroir précis, d'une année précise. Le vin est le fruit du travail d'une ou plusieurs personnes sur une ou plusieurs années, ce n'est pas anodin, il n'est pas juste une boisson à base de raisin fermenté !

Comme le disait Jacques Puisais, créateur de l'institut du goût à Tours :

« Un vin juste doit avoir la gueule de l'endroit et de l'année où il est né, et les tripes du bonhomme qui l'a fait. »

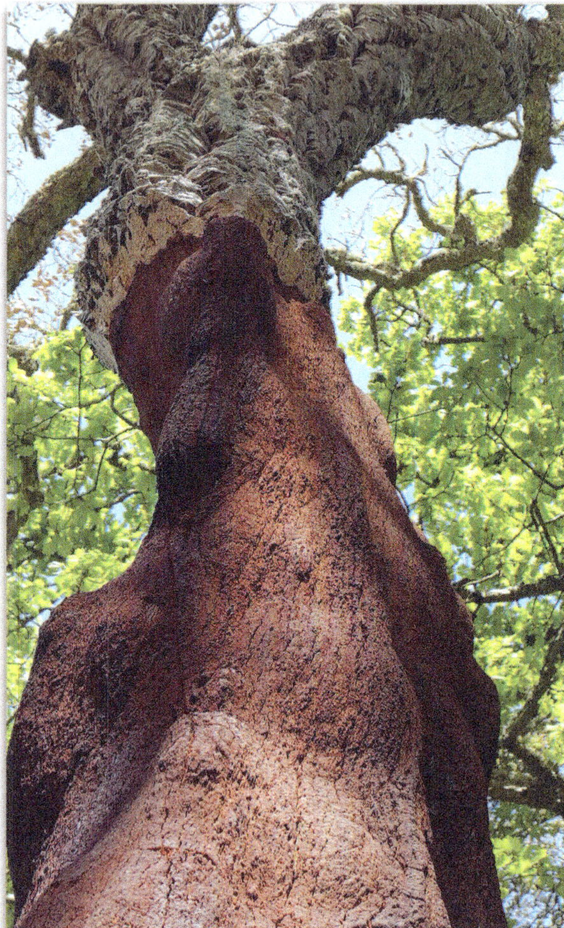

Le bouchon

L'écorce du chêne-liège est le matériau servant à fabriquer les bouchons en… liège.

Le chêne-liège est un arbre unique en son genre car son écorce, le liège, se régénère une fois extraite. Cette délicate opération d'écorçage, confiée à des spécialistes, sera répétée tous les neuf ans, période durant laquelle les arbres ne seront jamais coupés ni endommagés.

La majorité de ces lièges est produite au Portugal. Avec le temps, de plus en plus de pays dans le monde mettent du vin en bouteille.

Or, la production ne suit pas cette progression. Chaque été ou presque, les incendies ravagent le Portugal où les arbres brulent , dont les chênes liège.

Vous avez surement aperçu de nouvelles alternatives, le silicone, la résine, le verre et les bouchons à vis. Ils n'ont pas les mêmes vertus que le liège et sont destinés en général aux vins qui n'ont pas de capacité à vieillir.

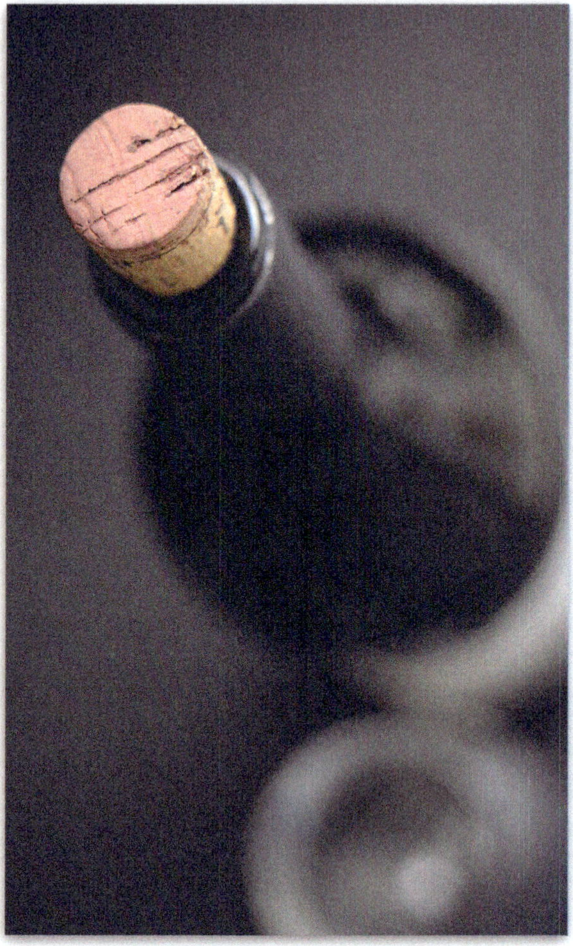

Le bouchon de liège

Le liège et ses propriétés isolantes sont connus des civilisations méditerranéennes depuis le début de l'Antiquité. Les premiers bouchons à base de liège sont apparus au Vème siècle av. J.C., en Grèce. Ils permettent d'obstruer les amphores alors couramment utilisées pour la vinification et le transport du vin.

Après la chute de l'empire romain l'amphore est remplacée par les tonneaux en bois inventés par les Celtes. Ces tonneaux sont fermés par un morceau de bois taillé, entouré de tissu et fixé à la cire.

Le retour du mariage du liège et du vin se situe peu après 1632, date de l'invention de la bouteille de vin en verre par un anglais, un certain Sir Kenelm Digby. Des bouteilles existaient auparavant, mais de petite tailles pour les médicaments et les parfums. Elles étaient fermées avec des bouchons de liège.

En France, Dom Perignon, aurait observé les moines revenant de pèlerinage à Saint-Jacques-de-Compostelle qui bouchaient leur gourde à l'aide d'un morceau de liège.

Il se serait rendu compte que le bouchon en liège était à la fois étanche au liquide et perméable à l'air. Il permet au vin de se bonifier et d'en conserver les arômes.

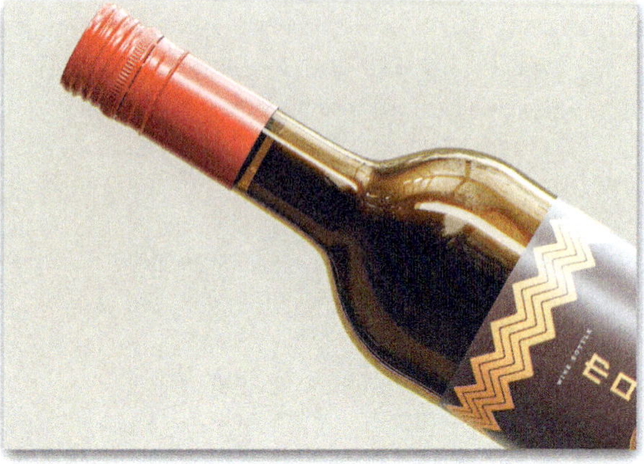

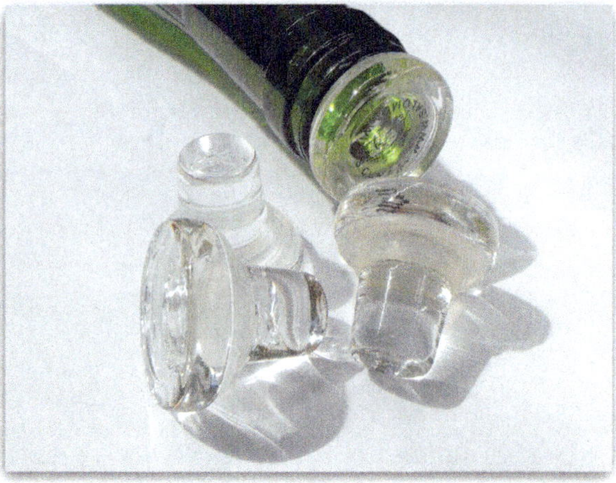

Les alternatives au liège

- **Les bouchons à base de liège** sont de plus en plus utilisés en agglomérant du liège avec d'autres matières. Cela permet de se rapprocher le plus du bouchon de liège, sans en exploiter autant, mais ces bouchons n'ont pas la même qualité pour filtrer l'air

- **Les bouchons synthétiques** produits à partir de dérivés de pétrole peuvent être également utilisés. Ils permettent une totale étanchéité de la bouteille et ne sont donc pas choisis pour des vins de garde. Ils sont retrouvés le plus souvent dans des vins de bas de gamme car le consommateur français reste attaché au bouchon de liège.

- **La capsule à vis** est très répandue à l'étranger, mais encore peu en France. Pourtant, elle permet une parfaite étanchéité de la bouteille, ce qui est un avantage pour les vins n'étant pas destinés à vieillir. De plus, la capsule à vis ne nécessite pas de tire-bouchon et elle se referme facilement, ce qui est un atout de taille pour certains consommateurs..

- **Le bouchon de verre** offre également une étanchéité complète au vin grâce à la présence d'un joint. Il est par ailleurs très esthétique. Cependant, il est beaucoup plus cher que ses concurrents. Il est donc le plus souvent utilisé pour des vins de milieu de gamme qui recherchent un aspect plus élégant.

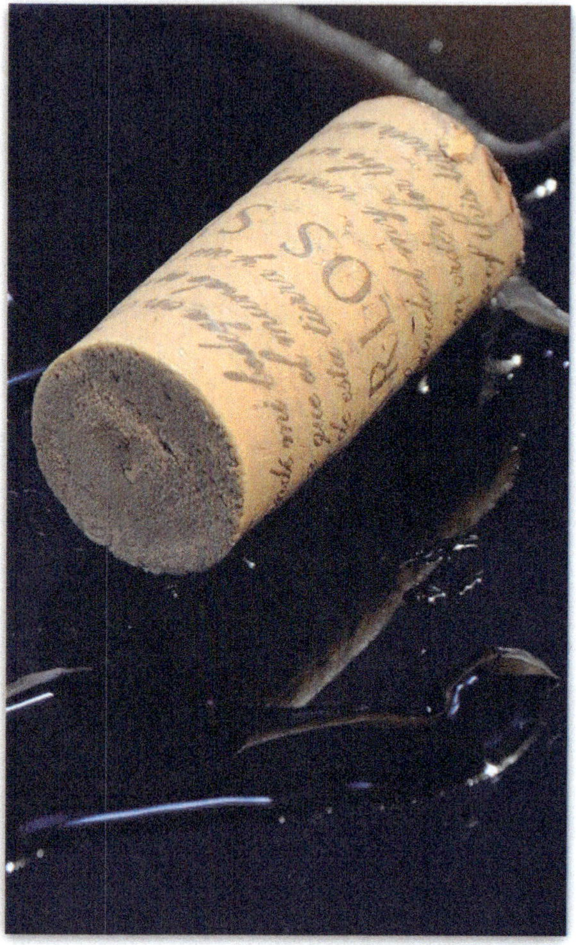

Le goût de bouchon

Il peut provenir du bouchon de liège mais peut avoir d'autres sources : moisissures dans les caves, traitement des barriques, conditions de stockage du vin.

Il provient d'une molécule **le TCA (Trichloroanisole)**.

Cette molécule est générée par des moisissures contenues dans le bois lorsqu'elles sont mises en contact avec des composés chlorés. Lors de la fabrication du bouchon, le liège doit être nettoyé, généralement à l'eau de javel… qui contient du chlore !

Un gramme de TCA peut contaminer 200 millions de bouteilles.

Si un jour, vous vous trouvez face à face avec un vin bouchonné, il suffit de tremper un morceau de film alimentaire dans la bouteille, patientez 30 min pour faire disparaître la quasi-totalité du goût de bouchon.

(Selon l'Institut des Sciences de la Vigne et du Vin)

Les Anglais ont (aussi) inventé le Tire Bouchon

On avait trouvé une solution idéale pour tenir hermétiquement fermé les bouteilles de parfum d'abord puis de vin ensuite. Il fallut trouver un outil pour ôter le bouchon de liège. Les soldats anglais se servaient d'un Tire Balle pour déboucher leur fusil, on peut dire que ce sont des armuriers anglais qui ont fabriqué le premier Tire Bouchon. Il fut breveté en 1795 par la Samuel Henshall d'Oxford

Le tire-bouchon

Il existe une multitude de tire bouchon, voici mon choix pour toutes les occasions et contraintes.

Le premier (à gauche) le **Limonadier** breveté en 1882 sous le nom "l'Ami du serveur". Il est le plus utilisé dans le métier pour déboucher toutes les bouteilles.

Au milieu, le **Screwpull**, créé en 1979, permet à la vis de transpercer complètement le bouchon et de le remonter doucement en continuant de tourner, utile pour les longs bouchons, les vieux bouchons un peu fragiles.

Le troisième, le **Tire Bouchon à lame**, je l'utilise pour ôter les très vieux bouchons, tellement friables qu'ils ne pourraient pas être extraits avec la vis.

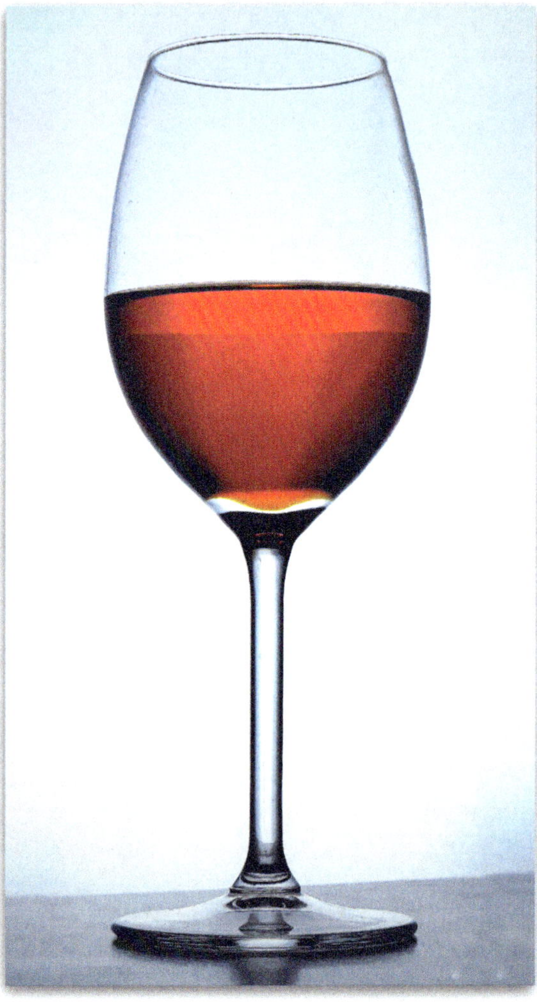

Le verre

Très très important, car c'est le dernier contenant avant votre bouche. Il va être la scène, l'ultime théâtre avant la dégustation et sa forme, sa matière, son poids vont influencer la première gorgée.

Il existe un large choix de verres et on ne sait parfois pas lesquels choisir.

On retrouve des verres de formes différentes adaptés et étudiés pour chaque type de vin. Vous les trouverez chez des spécialistes.

Si vous devez choisir un seul verre pour une dégustation optimale, préférez un verre à **tige** (le pied) avec un **calice** (le contenant) constitué d'une **paraison** (le fond du contenant) moyenne, d'une **épaule** (la partie la plus large) à 1/4 ou 1/3 de hauteur et une **cheminée** (les parois) qui rétrécit vers le **buvant** (le haut du verre où l'on pose les lèvres) qui doit être le plus fin possible.

Comme celui présenté ci-contre.

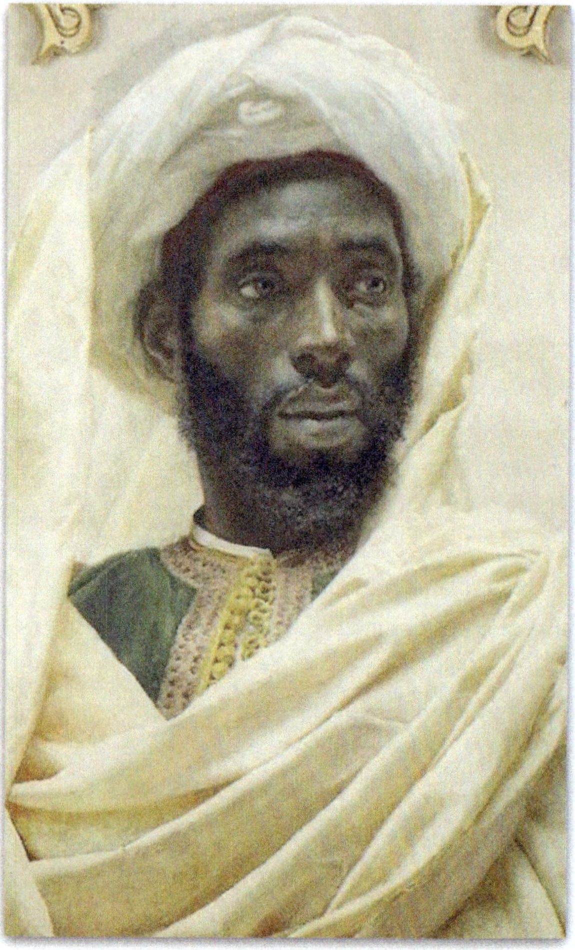

Le verre à pied a été inventé par un designer arabo-andalou du IXème siècle, Abû al-Hasan ʿAlî Ibn Nâfiʿ qui est resté dans l'histoire sous le nom de Ziryâb. Il est aussi surnommé « merle noir » en raison de son teint sombre et de sa belle voix.

Il a créé l'ordonnancement des repas (entrée, plat, dessert) ou encore rendu l'asperge ou les sorbets à la mode.
Ziryâb a également remplacé l'usage des gobelets d'or ou d'argent par celui des verres à pied en verre qui mettent en valeur la couleur du vin.

Il faudra attendre quatre siècles pour que cette manière de boire se propage largement en Europe par Venise (tout particulièrement l'île de Murano) et l'on dit qu'en France, le verre à pied ne s'est développé réellement qu'après l'affaire des poisons (Une série de scandales impliquant des empoisonnements survenus entre 1679 et 1682, sous le règne de Louis XIV, et qui secouèrent Paris et la Cour)
 Cela oblige les domestiques à porter le verre par la jambe et ainsi ils ne peuvent plus approcher discrètement la main du liquide pour y verser un poison...

Températures idéales pour déguster:
- Vin effervescent : 6°C
- Vin blanc sec : 8/12°C
- Vin rosé : 9/10°C
- Vin rouge léger : 14°C
- Vin rouge structuré : 16°C
- Vin moelleux et liquoreux : 6/8°C

La température de service

La température du vin va, soit mettre en valeur le vin soit carrément le massacrer ou l'aseptiser.

Très très frais le froid fixe les arômes, il n'y a plus de parfums.

Trop chaud, l'alcool est mis en relief, tous les arômes s'évaporent très vite.

Qu'est ce qu'on appelle très chaud ? On a l'habitude, dans notre pays de dire qu'il faut servir les vins chambrés (expression qui date du 17e siècle).

À l'époque on apportait le vin de la cave dans la pièce proche de la salle à manger où la température était proche de la chambre soit 14/16°.

Donc certainement pas à 20/22° comme le sont nos maisons de nos jours.

Servez vos vins à la bonne température (ci-contre) vous mettrez ainsi ceux-ci en valeur. Il vaut mieux les apporter un peu plus frais et attendre dans le verre, vous apprécierez mieux l'évolution des arômes et vous ne serez pas "ivre" de l'alcool qui s'évapore trop vite.

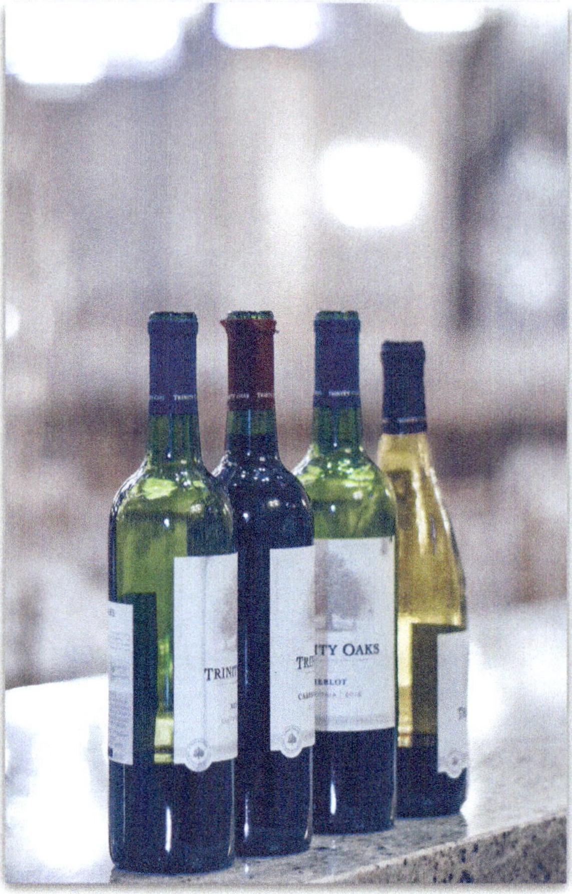

Ordonner le service

L'ordre de service des vins est très important, il fait partie de la mise en scène, la mise en valeur des qualités de vos vins.

Voici la règle de base : du vin blanc le plus léger au vin rouge le plus puissant pour finir par le vin le plus sucré.

Le but est d'éviter de passer à coté de certains vins qui entourés d'autres vins peuvent disparaitre en fonction de l'ordre. Par exemple, s'ils sont placés après un vin plus puissant.

Mon conseil : avant le diner, débouchez et goûtez tous les vins prévus dans la soirée, identifiez leur puissance et donc leur ordre de passage et profitez-en pour repérer les vins qui ont besoin d'aération. Si c'est le cas, vous les passerez en carafe. Votre dégustation de vins ainsi bien préparée, vous n'aurez pas de mauvaises surprises.

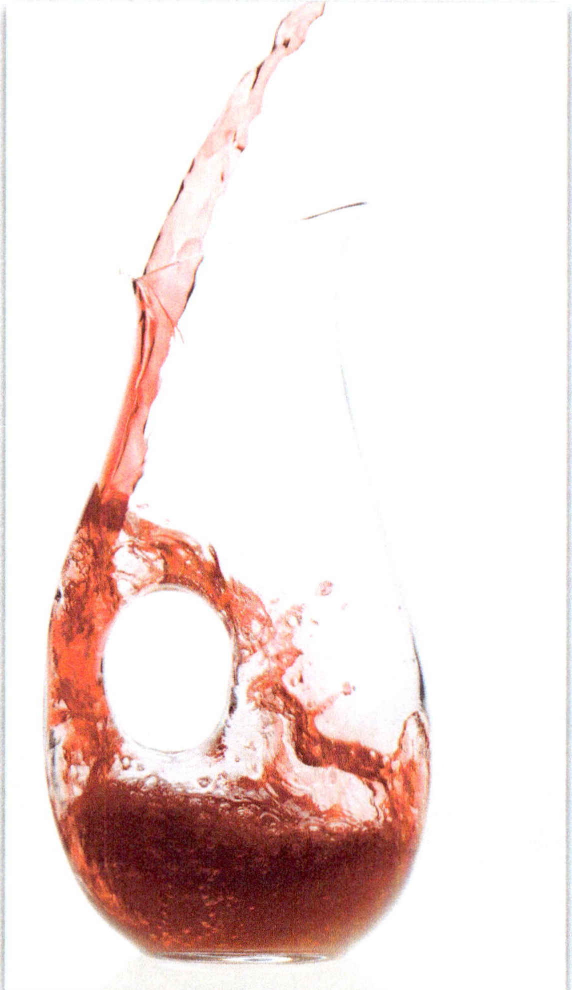

Carafer

Cette opération consiste à passer le vin dans un contenant afin de l'oxygéner pour qu'il libère ses arômes. On dit qu'il s'ouvre.

On carafe plutôt les vins jeunes et ceux qui ont besoin qu'on accélère leur processus d'oxygénation.

C'est pour cela qu'il faut utiliser des carafes avec une grande surface ouverte pour un contact optimale avec l'air.

Tous les vins peuvent être carafés, même les vins effervescents. Pour cela, versez doucement pour préserver la bulle.

Si vous n'avez pas de carafe, vous pouvez utiliser une bouteille vide puis vous transvaserez de nouveau dans la bouteille d'origine. Le vin sera ainsi aéré. Si vous sentez qu'il est encore fermé, vous pouvez répéter l'action de nouveau..

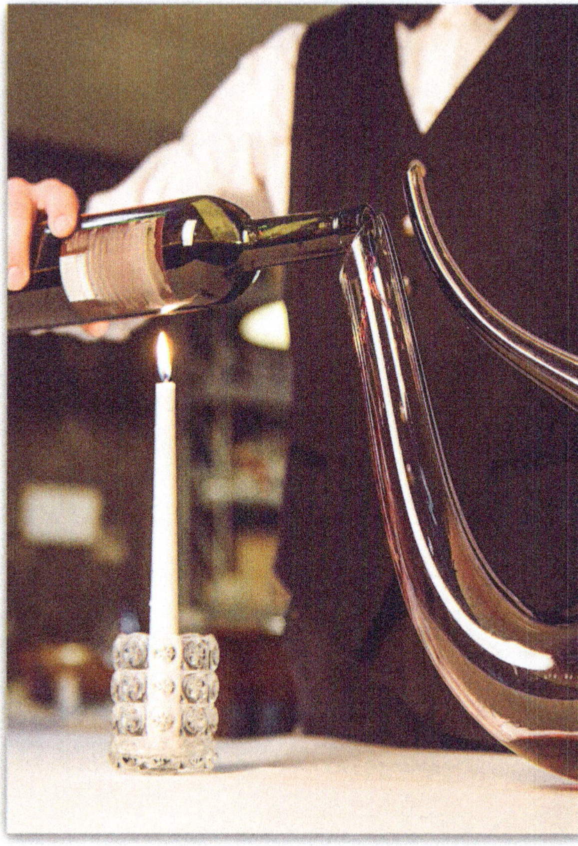

Décanter

C'est l'action de transférer le vin dans une carafe afin de séparer le dépôt du vin.
Cette opération s'effectue sur les vins anciens ou les vins ayant beaucoup de matière solide.

La **décantation** est pratiquée dans les grands restaurants où l'on propose de grands vins de millésimes anciens. Le vin est apporté de la cave à la salle dans un panier à l'horizontal, pour que le dépôt ne se mélange pas au vin, puis débouché par le sommelier et transvasé dans une carafe.
La bougie sert à apercevoir par transparence le dépôt arriver dans le goulot et ainsi arrêter le transfert pour servir un vin clair.
Dans le cas d'un vin très vieux et donc fragile, il est conseillé de reboucher la carafe car le vin va évoluer très vite.

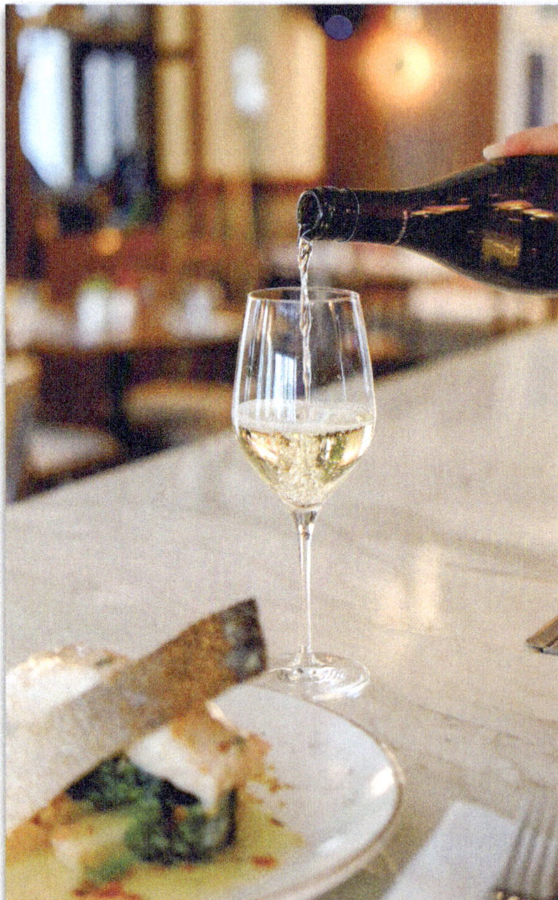

Les accords mets/vins

Le mariage d'un plat avec un vin doit être un mariage d'amour.

Il y a des milliers de vins dans le monde, des milliers de plats différents et quelques milliards de personnes.

Il faut donc associer, dans un moment précis, un plat, un vin avec une personne ou un groupe de personnes.

Le goût, c'est chacun le sien. Ne dit-on pas : « On ne discute pas les goûts et les couleurs. »

Le système olfactif dépend du génome de chaque individu. Selon les chercheurs, près de 600 gènes codent les protéines réceptrices des neurones olfactifs. A chaque individu, une combinaison propre. Il en résulte d'inévitables différences dans la perception des arômes. « Il est impossible de trouver deux personnes identiques sur le plan de l'olfaction », résume Patrick Mac Leod, président de l'Institut du goût.

Ce qui est vraiment important, c'est que nous avons tous des « seuils » de perception des différentes saveurs qui nous sont très personnels.

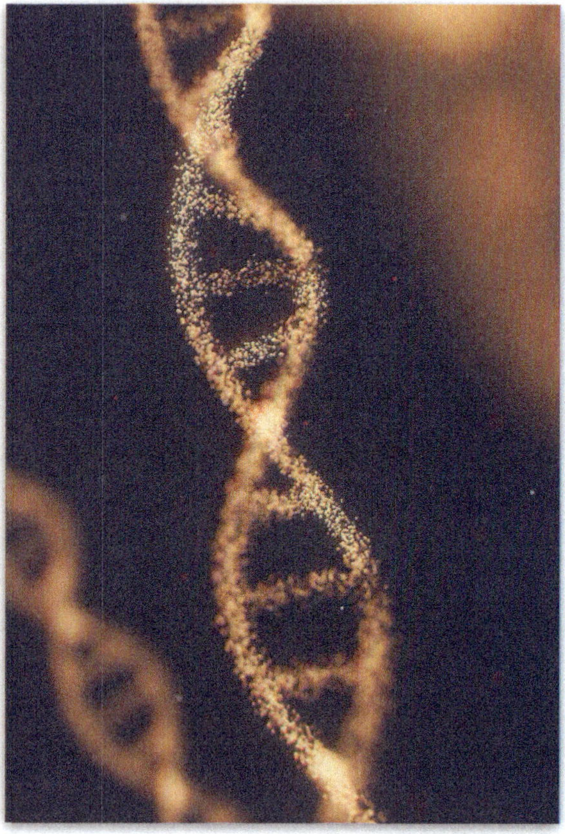

Qui êtes vous ?

En bouche de nombreux récepteurs sont sensibles à la température. La perception des flaveurs est forte pour des mets légèrement plus chauds que la température de la bouche. Si l'aliment est chaud, il génère plus de molécules volatiles odorantes que lorsqu'il est froid. Notre perception du goût et notre manière d'appréhender les mariages des mets et des vins dépend également en grande partie de nos émotions et de nos croyances.

Votre personnalité est le résultat de plusieurs facteurs : l'endroit où vous êtes né, votre milieu social, vos traditions, votre éducation…

C'est votre vie, votre parcours qui a façonné au fil des ans vos préférences alimentaires, et beaucoup d'autres habitudes.

Ce qui se passe en général, c'est que l'on répète ce que l'on a vu, bu, goûté de nos parents, qui eux, répètent ce qu'ils ont vécu de leurs parents.

C'est important de connaître ses préférences gustatives pour commencer à réfléchir sur les vins qui vont se marier le mieux avec les plats.

Ensuite, il vous faudra penser aux conditions dans lesquelles vous allez déguster.

Le point de vue

Votre perception dépend de votre point de vue.

Chaque 'être humain n'a pas le même point de vue que son voisin car, comme son nom l'indique « le point de vue » se définit en fonction de la position que l'on occupe.

Le même plat dégusté, plusieurs fois, s'il est cuisiné de la même manière (ce qui est presque impossible), n'aura pas le même effet car plusieurs paramètres extérieurs vont modifier votre appréciation du plat dégusté.

En plus de votre personnalité, de vos habitudes de vie, il y aura la forme de l'assiette, l'aspect visuel du plat. Il peut vous attirer ou vous repousser.

En résumé un plat ou un vin ne produira pas le même ressenti selon le point de vue de chacun.

S'ajoute à cela, le décor, l'ambiance de l'endroit, la musique…

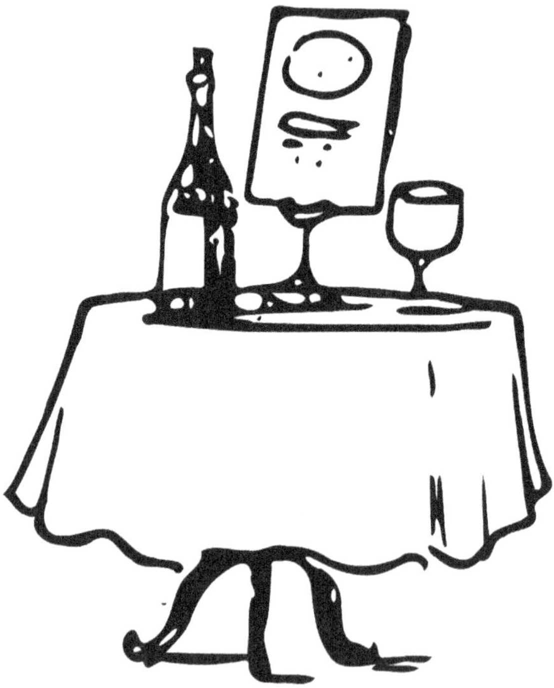

L'ambiance

Votre perception varie également en fonction de l'environnement.

C'est tout ce qui est détecté avec l'ouïe, la vue et le toucher. Il y a l'ambiance visuelle, la vue que vous avez au moment où vous dégustez, la couleurs des murs, les rideaux.
L'ambiance sonore : la musique dans la pièce, les bruits alentours. La température de la pièce, les courants d'air, l'humidité ambiante.
Et puis, il y a vous et votre «ambiance intérieure». Votre état de santé du moment, votre état de fatigue et votre état psychologique.

L'ambiance du moment va considérablement influencer vos perceptions sensorielles et donc votre ressenti de la dégustation.
Le fait d'en être conscient vous rend plus tolérant et plus humain, car rien n'est jamais figé, tout est mouvement et le ressenti d'un vin à un moment est unique mais pas définitif.

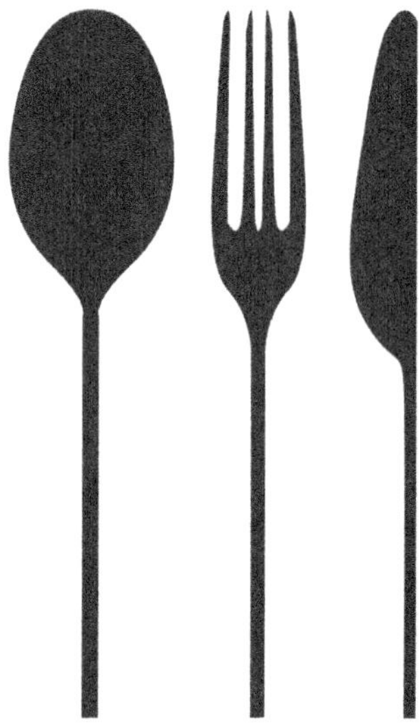

La texture du plat

Un détail que l'on ne prend pas assez en compte quand on veut marier un vin avec un plat, c'est sa texture : au delà des parfums et des arômes, la sensation perçue en bouche lorsque vous dégustez est très importante et on la néglige souvent.

La texture existe pour un plat et pour un vin.

Ce plat est-il onctueux, râpeux, granuleux, gluant, craquant ?

Le mariage des mets et des vins est un art. C'est aussi une question d'observation et de sensibilité.

Il y a quelques règles à respecter pour commencer, ensuite vous pourrez laisser s'exprimer votre créativité.

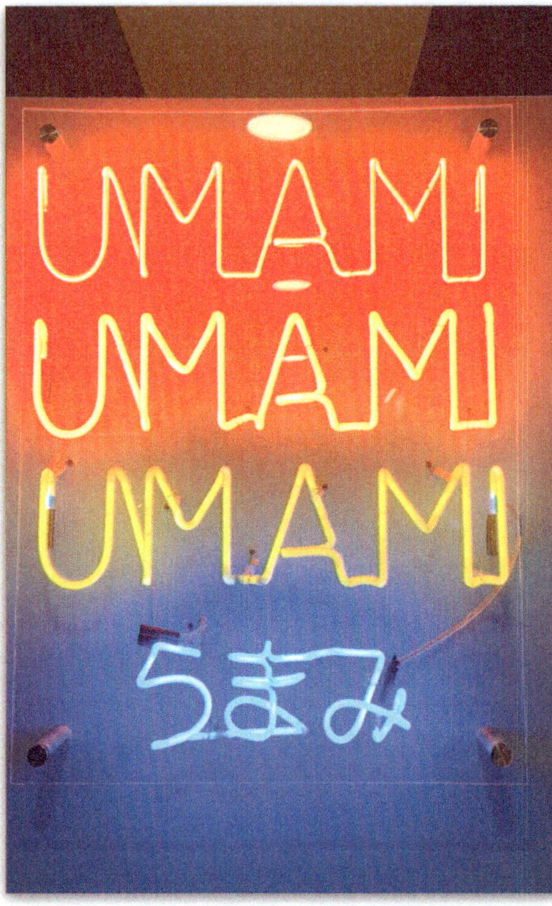
UMAMI
UMAMI
UMAMI
うまみ

Il existe quatre saveurs de base : sucré; acide, salé, amer. S'y ajoute une cinquième, l'umami qui correspond à celle du monoglutate de sodium, très présent dans la cuisine chinoise et japonaise.

L'umami n'a pas vraiment de goût, mais il améliore la saveur d'une large variété d'aliments. On parle alors de sapidité. (sauce soja, viande…)

Dans un plat, les cinq saveurs peuvent être équilibrées. Au contraire, le chef ou la recette peut choisir d'avantager l'une d'entre elles.

Aussi, un plat intéressant, vraiment attirant, c'est bien souvent une construction qui, contient les quatre ou cinq saveurs de base, renforcée d'une palette plus ou moins riche d'autres goûts qui ne sont que des arômes.

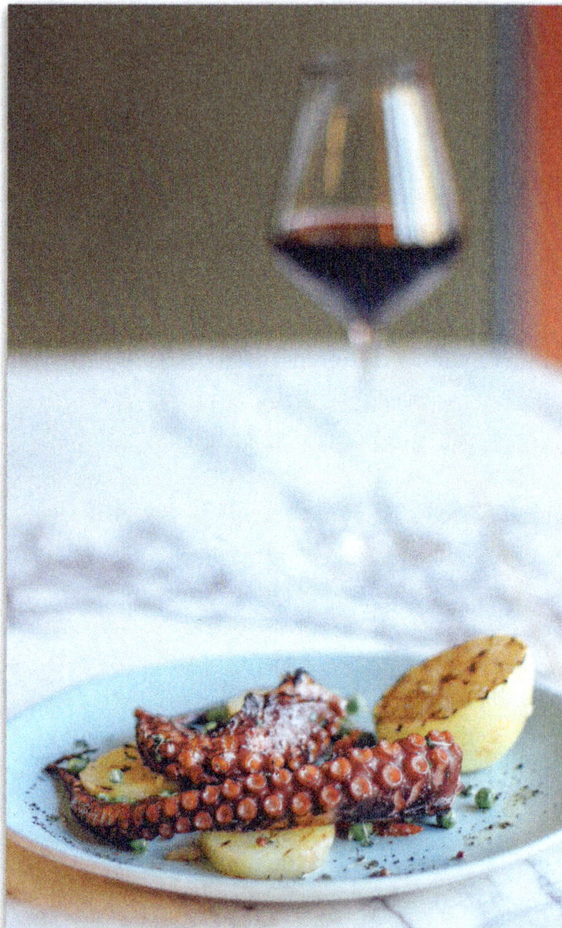

Avantager le plat

La plupart du temps, on adapte le vin au plat pour mettre en valeur ce dernier.

Que se soit chez soi ou au restaurant, en général, on choisit le plat puis on choisit le vin.

Et le travail du sommelier, ou le votre si vous êtes la personne chargée du choix des vins, sera de trouver le vin qui met en valeur le plat ou qui atténue ses défauts..

Par exemple, pour un plat très épicé, très salé, très sucré, il faudra compenser, trouver le vin assez puissant pour atténuer les légers excès d'un plat. À vous de faire des essais, encore et encore.

Ce que j'ai expérimenté :

- Un vin 1/2 sec ou moelleux atténuera la salinité de la sauce soja d'un plat asiatique.

- Un vin du jura de cépage Savagnin, donc un blanc très typé, supportera et mettra en valeur les épices d'un plat.

- Un vin doux naturel (style Banyuls) pour soutenir le sucre et l'amertume du chocolat.

Un vin doux naturel est sucré et alcoolisé, ce bon équilibre mettra en valeur les desserts sucrés.

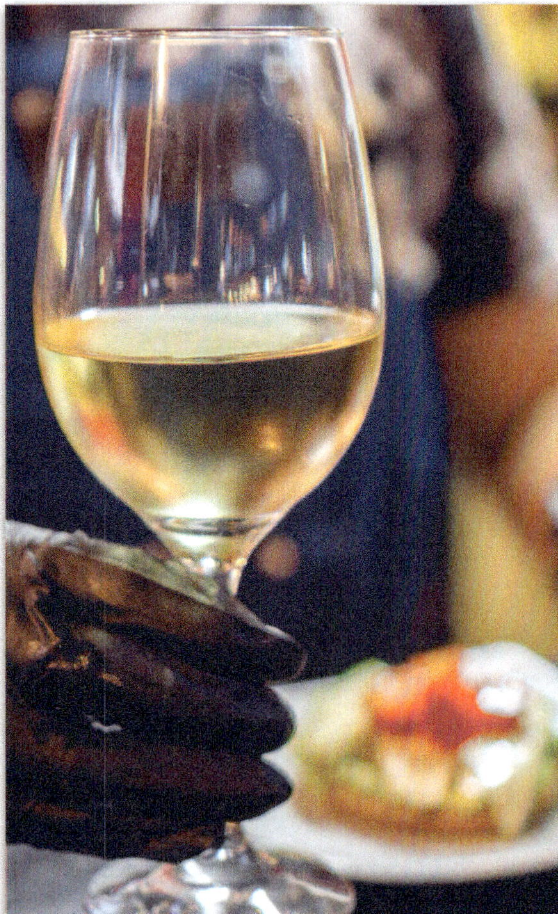

Avantager le vin

Trouver le plat qui mettra mon vin en valeur

Il peut arriver que vous ayez une grande bouteille à déguster. Une bouteille unique que vous avez en cave et que vous souhaitez faire goûter à vos amis. Dans ce cas, vous pouvez choisir d'en faire la « star » du repas.

Et si vous n'en avez qu'une seule, il n'y a pas le droit à l'erreur. Je vous conseille de vous renseigner avant, sur quelques sites ou appli vin (Twill, Vivino), pour connaitre les avis de personnes qui ont déjà goûté votre vin. Selon les commentaires, vous allez trouver le plat qui accompagnera votre vin et qui le mettra en valeur.

Il faut un peu d'habitude et de connaissance en cuisine pour trouver le plat idéal. Choisissez la simplicité, un plat sobre, c'est à dire un bon produit cuisiné simplement. La sauce du plat sera le réglage de fin pour affiner l'accord : un vin rouge jeune, tanique aimera la sauce riche et onctueuse, un vin léger ou très vieux préfèrera un jus court.

Un blanc très sec devra être soutenu avec un peu de citron ou de vinaigre dans le plat. Ou, et c'est une question de goût, contrebalancer l'acidité du vin avec une sauce au beurre, riche.

N'hésitez pas à expérimenter, il y a certes, de la théorie indispensable, mais ce sont les expériences qui vous en apprendront le plus.

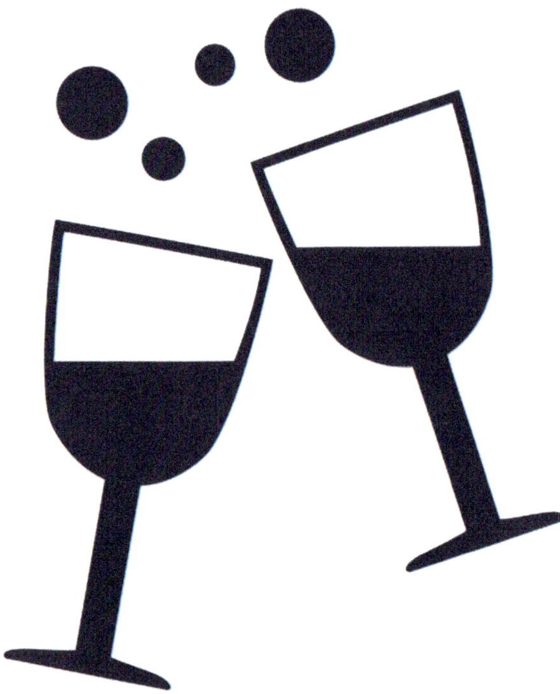

8 accords magiques

Voici des accords mets/vins qui feront l'unanimité ou presque.
C'est le résultat d'expériences de centaines de sommeliers, restaurateurs et passionnés.
Je les ai bien sûr testés !

1. Des **huitres plates** et un grand **Champagne** de quelques années d'âge.

2. Un **camembert** affiné et un **cidre** fermier demi-sec.

3. Un **steak-frites** avec un grand cru du **Beaujolais**

4. Un **homard** grillé, beurre fondu avec un noble vin de **Bourgogne** blanc jeune élevé en barrique.

5. Un **plat aux épices thaï** avec un **Vouvray** demi-sec.

6. Un **roquefort** fermier avec un **jurançon** d'une belle année.

7. Un **comté** 24 mois avec un **vin jaune** du Jura

8. Un **fondant au chocolat** avec **Banyuls** vieux, un **Rivesaltes** ancien ou **Maury**

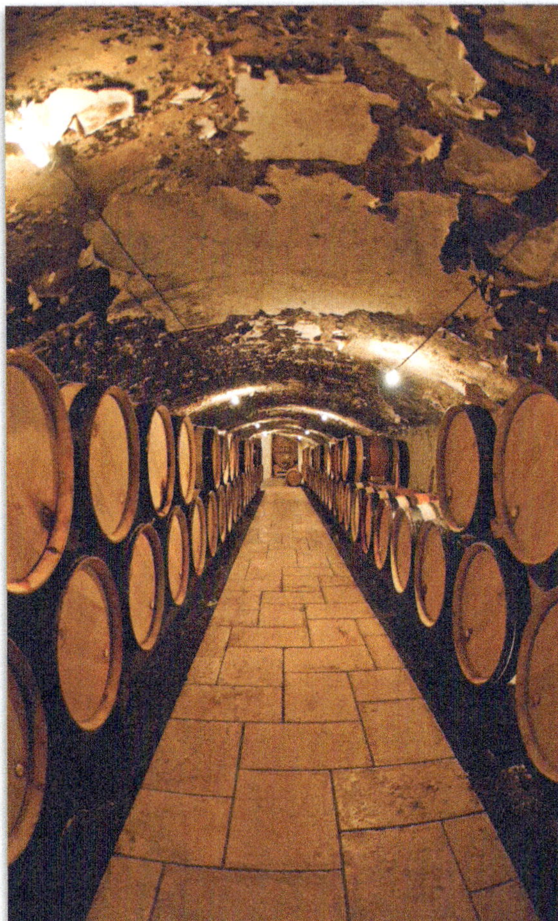

Conserver son vin

En Égypte, il y a quelques milliers d'années le vin était sans doute destiné à vieillir puisque l'on gravait ou peignait souvent sur la capsule en argile qui bouchait l'amphore, son millésime ainsi que des indications sur sa provenance ou son usage.

La présence de vin vieux dans les tombeaux confirmerait cette hypothèse.

On fait toujours vieillir plus ou moins le vin de nos jours et notre préoccupation est de le faire dans les meilleures conditions.

Pour que le vin se bonifie avec le temps, il faut en prendre soin car il est vivant.

C'est à dire que l'on a respecté le vivant dans la culture de la vigne, à la vinification, à la mise en bouteille.

À nous de prendre la suite pour que le vin conserve tout son potentiel de vieillissement et le déguster dans son expression la plus belle.

Le « problème » avec le vivant, c'est qu'il faut en prendre soin pour ne pas le tuer ou le rendre malade.

Pour cela il faut connaitre certaines règles pour le conserver dans les meilleures conditions.

Nous sommes de plus en plus nombreux à vivre en ville et rares sont ceux qui peuvent encore stocker leurs vins dans de magnifiques caves voutées.

Alors voici quelques règles que je vous livre et que j'ai pu expérimenter durant les 30 dernières années dans mon métier de sommelier.

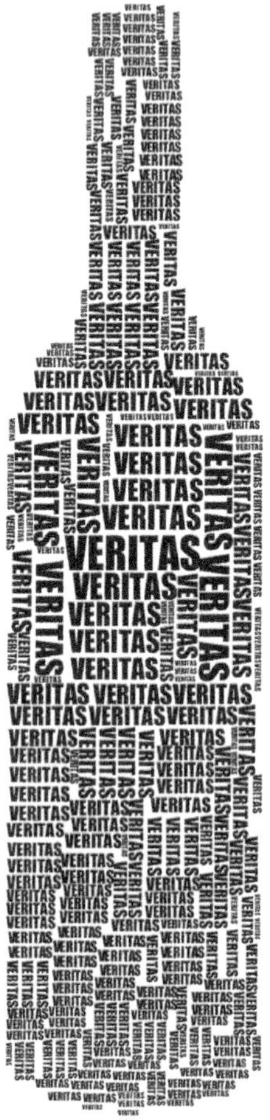
VERITAS

La cave idéale

Une pièce en sous sol ou de plain pied mais très bien isolée afin de réduire les amplitudes thermiques.

Sol en terre battue et dans l'idéal recouvert de gravier. La terre permet une autorégulation de l'humidité et les graviers pour l'esthétique, la praticabilité (c'est plus propre pour marcher dessus) et évite de casser des bouteilles quand, par mégarde, l'une d'elles viendrait à nous échapper des mains. En fait, s'il y a une bonne épaisseur de graviers, ceux-ci forment un tapis et absorbent le choc de la chute. Dans mon métier de sommelier, il m'est arrivé maintes et maintes fois qu'une bouteille m'échappe, tombe au sol et soit sauvée de la casse.

Hygrométrie à 75%, c'est l'idéal. Trop d'humidité va altérer l'étiquette et développer des moisissures. Pas assez, il y a un risque que les bouchons dessèchent et que le vin coule de la bouteille et surtout que l'air y pénètre et oxyde celui-ci.

Aération au nord et en hauteur pour l'arrivée d'air frais et au sud et en bas pour l'évacuation de cette air. La circulation d'air évite les odeurs de renfermé et le développement des moisissures.

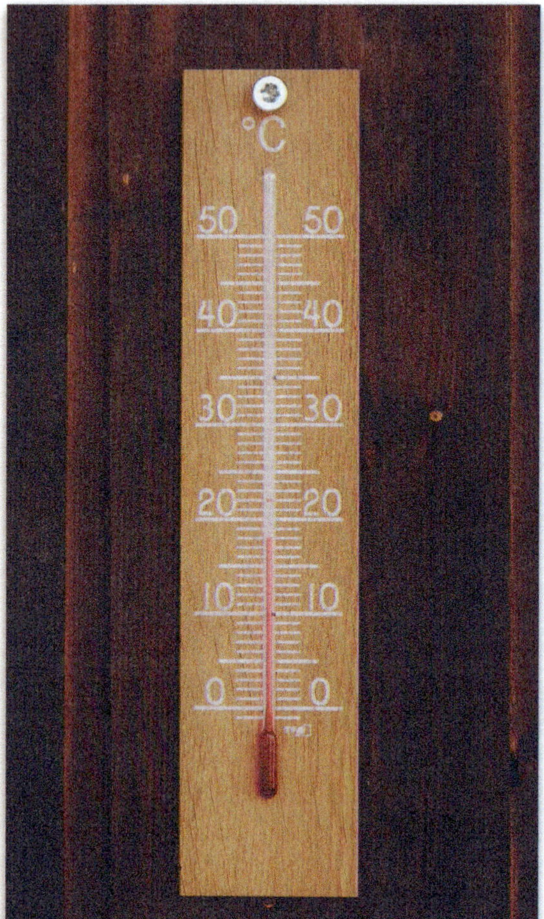
°C
50 50
40 40
30 30
20 20
10 10
0 0

La température

L'idéal est 12°C. Mais cela peut être plus élevé.
Si vous avez une cave bien enterrée dans le sol ou équipée d'une climatisation, ce sera facile.
Sinon ce n'est pas très grave, ce sont les variations de température qui sont plus graves. Encore que le mot « grave » soit un peu fort.
Car un bon vin, bien fait, bien bouché, ne sera pas altéré énormément s'il reste moins de dix ans en cave.
Ce sont les changements de température qui accélèrent le vieillissement du vin. Plus l'écart entre la température la plus élevée et la température la plus basse est grand, plus le vin va vieillir vite.
Si le vin provient d'une cave stable, il se goûtera comme s'il était resté dans la cave du vigneron.
Dans une cave avec de faibles variations de température entre l'hiver et l'été par exemple, le vin aura un vieillissement plus rapide. Et s'il provient d'une cave à forte amplitude thermique, il vieillira encore plus vite.

En résumé :
Une bonne cave de vieillissement = très peu de variation de température.

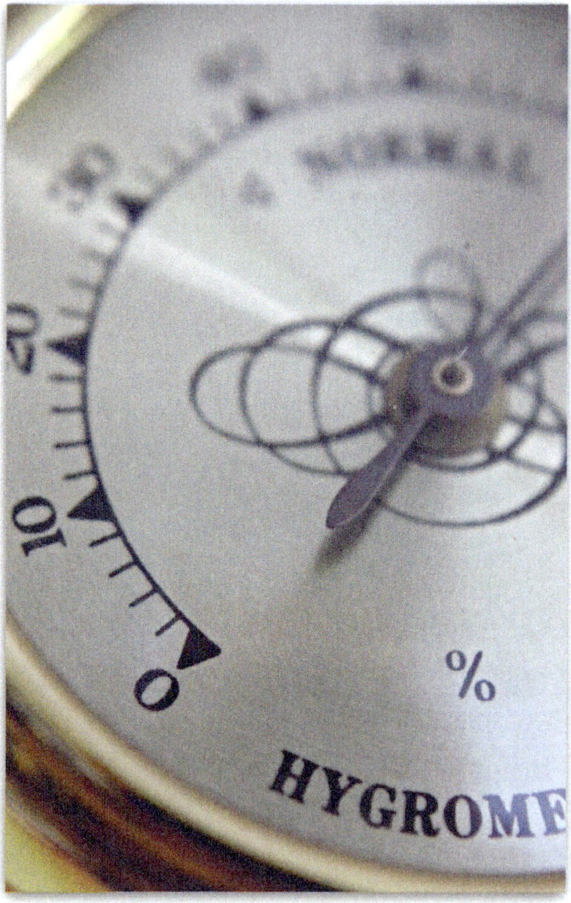
0
10
20
%
HYGROME

L'humidité

75 % d'hygrométrie, c'est l'idéal.

Mais le plus important c'est que la cave soit aérée, avec deux ouvertures disposées de manière opposée dans la pièce afin que l'air circule et ainsi empêcher les champignons de se développer dans la cave et sur les étiquettes.
Si votre cave est trop humide et que vous n'avez pas d'aération, ouvrez la porte de temps en temps. Installez des déshumidificateurs, facile à trouver dans les magasins de bricolage.

Si votre cave est trop sèche, arrosez le sol généreusement et régulièrement. Ou disposez des récipients plein d'eau que vous changerez régulièrement pour éviter qu'elle croupisse.
En achetant un hygromètre vous verrez si votre action est bénéfique.

À choisir, il vaut mieux une cave trop humide que trop sèche.

Pour éviter aux étiquettes de s'abimer, je les recouvre de papier film, ainsi elles resteront intactes.

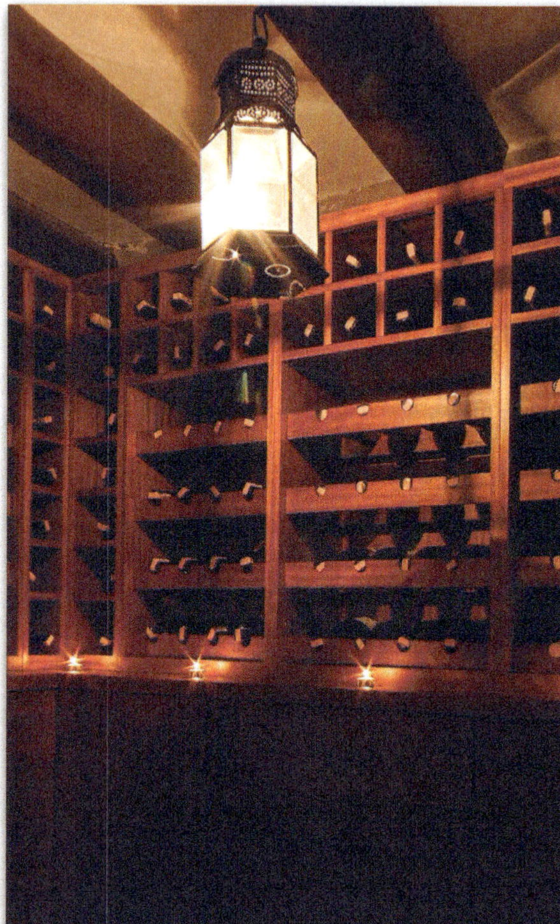

La lumière

Connaissez vous le goût de lumière ?

C'est un goût anormal développé surtout sur les vins blancs et rosés ainsi que les vins effervescents quand ils sont exposés à la lumière.
Ceux-ci sont exposés aux rayons ultra-violets et aux spectres bleus provoquant l'oxydoréduction des acides aminés soufrés ainsi que la dégradation de la vitamine B2 aussi appelée riboflavine altérant le vin par la transformation de la méthionine en méthanethiol, soit en langue que l'on comprend tous : un goût de choux bouilli ou de laine mouillée.

Cela provoque en général une baisse de l'intensité aromatique fruitée.
Le phénomène s'accroit quand les vins sont contenus dans du verre transparent. Les bouteilles marrons ou vertes sont moins impactées par le phénomène.

Après de nombreuses recherches, il semblerait que la lumière jaune-ambrée soit moins impactante.

Je vous encourage donc à éclairer de manière occasionnelle votre cave et d'y installer des ampoules jaunes..

L'obscurité est la meilleure "lumière " pour conserver le vin.

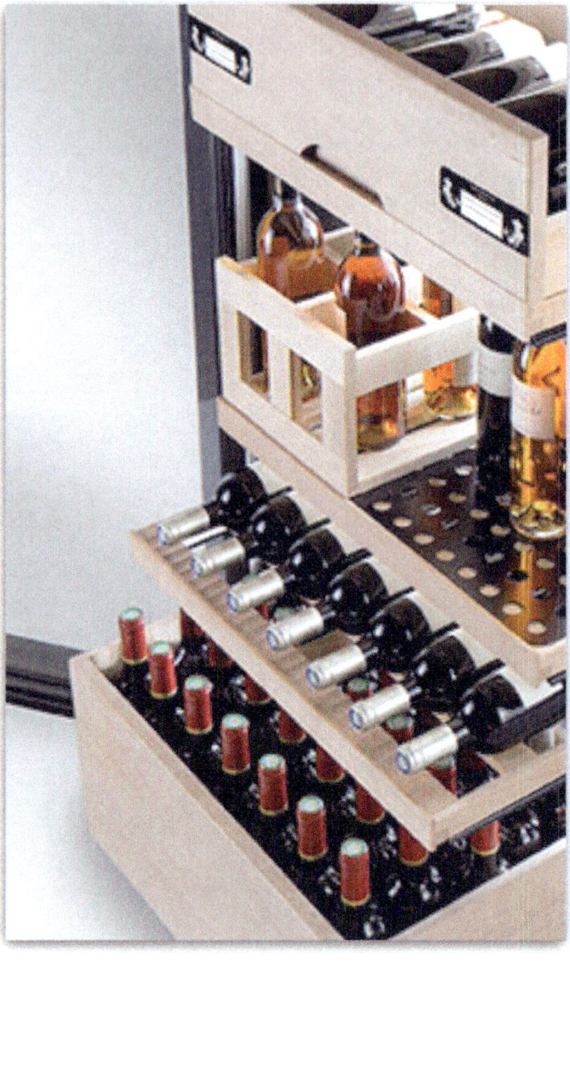

Les caves d'appartement

82 % de la population française vit en ville.
Les caves des immeubles modernes sont en béton et ne respectent pas trop les règles de la cave idéale.

Trop chaud, trop sec, certaines fois la chaudière à fioul de l'immeuble est proche et en plus de chauffer le sous-sol, elle le parfume légèrement. Je vous parlais du goût de lumière plus haut, on peut également parler du goût de fioul.

J'ai personnellement vécu une situation où j'ai retrouvé le goût d'hydrocarbure assez prononcé dans un vin rouge qui était resté très longtemps dans une cave voisine de la cuve à fuel du restaurant.

Donc, l'idéal en ville, est une cave à vins d'appartement.

Il y a toutes les tailles, avec porte vitrée ou pas, lumière de couleur, l'hygrométrie régulée, températures différentes selon la hauteur, etc.

Vous avez l'embarras du choix et les prix sont variables.

Si votre cave est visible, une porte vitrée est plus jolie, vérifiez que la vitre est anti UV.

Une astuce si vous ne voulez pas dépenser trop : récupérez un vieux frigo et mettez le au minimum. Mettez une grosse éponge pleine d'eau dans un petit bac que vous changerez régulièrement. Mettez un thermomètre et ajustez le thermostat. Ça permet d'avoir quelques bouteilles à température, même dans un garage.

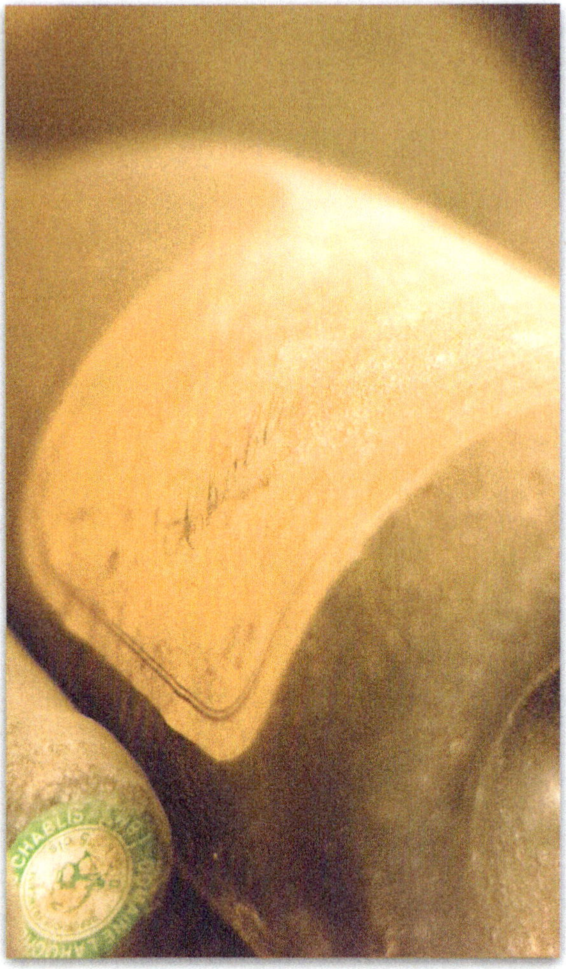
CHABLIS

Quels vins garder ?

Les vins ne se gardent plus aussi longtemps qu'avant. Pour différentes raisons., la majeure partie de la population vit en ville, n'a plus de cave et n'a plus le budget ou la place pour stocker beaucoup de bouteilles pendant plusieurs années sans y toucher. La plupart des vignerons ont modifié leurs façons de vinifier et proposent maintenant des vins plus souples, fruités, à boire dans les 3 à 5 ans. Les vins plus prestigieux peuvent vieillir jusqu'à 10/15 ans. Et rares sont les crus qui peuvent se bonifier pendant 20 ou 30 ans comme il y a quelques années.

Le meilleur format, le meilleur contenant pour faire vieillir du vin plus longtemps est le magnum (150cl).

Si vous prenez une 1/2 bouteille, une bouteille et un magnum d'un même vin, d'une même année et que vous les plongez en cave pendant cinq ans. Voici ce que sera votre ressenti à la dégustation :

- La 1/2 bouteille a six ans et demi.
- La bouteille a cinq ans.
- Le magnum a trois ans et demi.
- Ce qui veut dire que la demi-bouteille vieillit un tiers de plus que la bouteille qui vieillit un tiers de plus que le magnum.

Mais cela s'arrête là, les formats de bouteilles plus grands ne respectent pas cette loi.

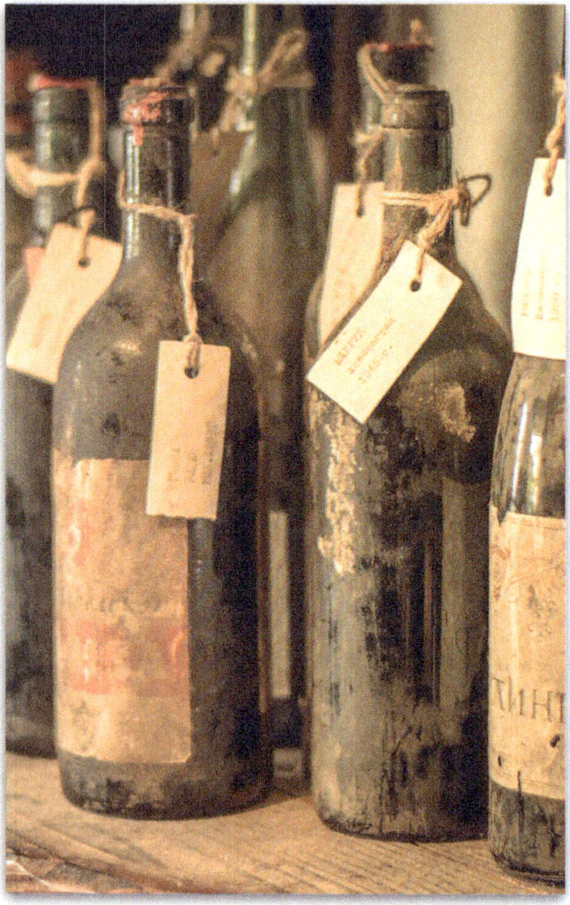

Alors que peut-on mettre en cave pour le mariage des enfants ?

Dans le monde du vin et de la dégustation, j'ai appris qu'il n'y avait pas de règle. Ce qui veut dire que vous pouvez avoir de belles surprises avec le temps sur certains vins.

Pour mettre toutes les chances de votre coté, voici mes conseils :

- Préférez le **magnum** à la bouteille.
- Les **vins rouges puissants** en alcool, tanins et acidité (il faut goûter avant).
- Les vins **liquoreux ou moelleux** (Bordeaux, Loire, Sud-Ouest).
- Les **vendanges tardives ou sélection de grains nobles** d'Alsace.
- Les **vins jaunes** du Jura.
- Les g**rands crus** des régions de Bordeaux et Vallée du Rhône. Faites vous conseiller et/ou goûter avant d'acheter.

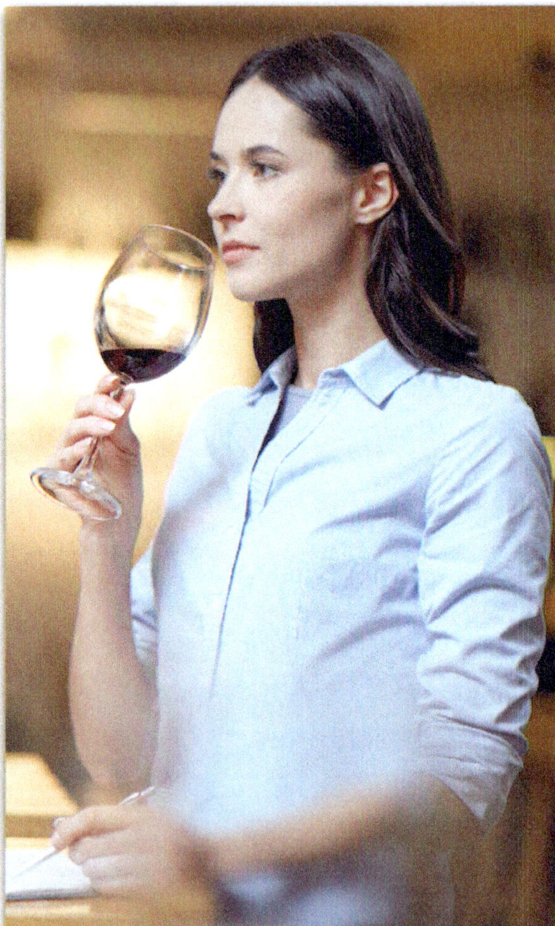

Déguster

Pourquoi apprendre à déguster ?

Le principe de ce livre est de vous rendre autonome dans le monde du vin. Cela signifie apprendre à écouter ses ressentis et à y mettre des mots afin d'être plus libre de choisir tel vin avec tel plat, conserver tel vin en cave, le boire en apéritif ou à la fin du repas.

Le but de la dégustation sensorielle et analytique, quand on n'est pas professionnel, c'est d'obtenir des réponses à trois questions qui me semblent importantes pour votre quotidien dans le domaine du vin :

- Quel est le potentiel de vieillissement de ce vin ?
- Avec quel plat le boire ?
- À quel prix estimer le vin que je déguste ?

J'ai créé une méthode pour apprendre rapidement que je vous offre et qui est à suivre en vidéo sur mon site.

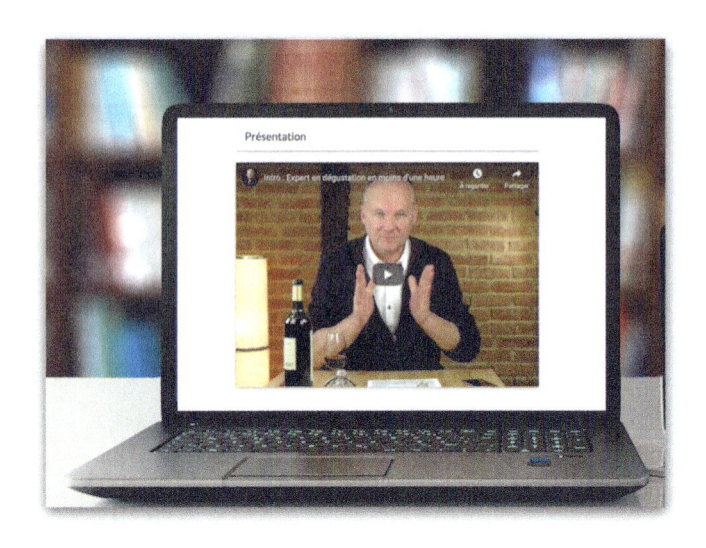

Programme de la formation

- Déguster comme un sommelier en 50 minutes
- Identifier les cépages et leurs arômes
- Marier les vins avec les plats
- Connaître les appellations et catégories de vins en France
- Décrypter une étiquette
- Le mode d'emploi pour animer vous-même une dégustation de vins
- Choisir le thème de votre soirée selon cetains critères
- Servir le vin dans les meilleures conditions

La formation

« DEVENEZ EXPERT en DÉGUSTATION DE VINS et ANIMEZ VOS PROPRES DÉGUSTATIONS »
(Valeur 97 €)

Une formation complète en 19 vidéos.

7 Tableaux pratiques téléchargeables créés pour cette formation.

Exercices et QCM pour tester vos connaissances.

120 minutes de formation vidéo.

*Ma méthode personnelle
de
sommelier professionnel
pour
apprendre à déguster,
organiser et animer une
dégustation de vins.*

SCANNEZ LE QR CODE CI-CONTRE

Inscrivez-vous et
au moment de régler
taper le code : **videobook**
Dans le cadre :
code de réduction

La formation est offerte

Si vous rencontrer des difficultés :
contact@christopheboisselier.com

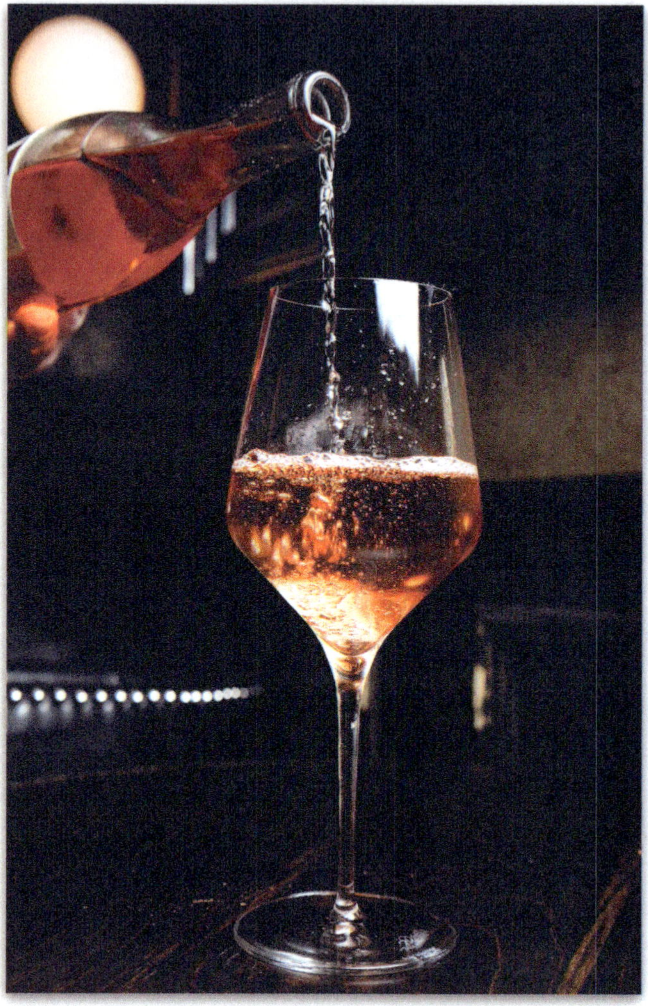

Le Vin, la Vie

Voici une histoire qui m'est arrivé et qui, peut-être, vous parlera également.

Chaque année, au début de l'été, ma femme et moi-même allons passer quelques jours dans le Sud et nous en profitons pour aller voir un ami qui a un restaurant de plage à Juan-les-Pins.

La première fois, c'était un midi, il faisait beau, le ciel était bleu, pas de vent. Nous avons déjeuné les pieds dans le sable. Quelques fruits de mer, un poisson grillé et un rosé de Provence. Léger en alcool, fruité, le vin avait une belle matière, un bel équilibre en bouche et une belle persistance aromatique. Avec la femme que j'aime, dans un bel endroit, je vivais l'un de ces moments de paix et de douceur où tout est parfait.

À la fin du repas, comme cela m'arrive souvent quand le vin d'un restaurant me plaît, j'ai acheté quelques bouteilles.

Des mois plus tard, un mardi de novembre, je rentre du travail sous une pluie fine.

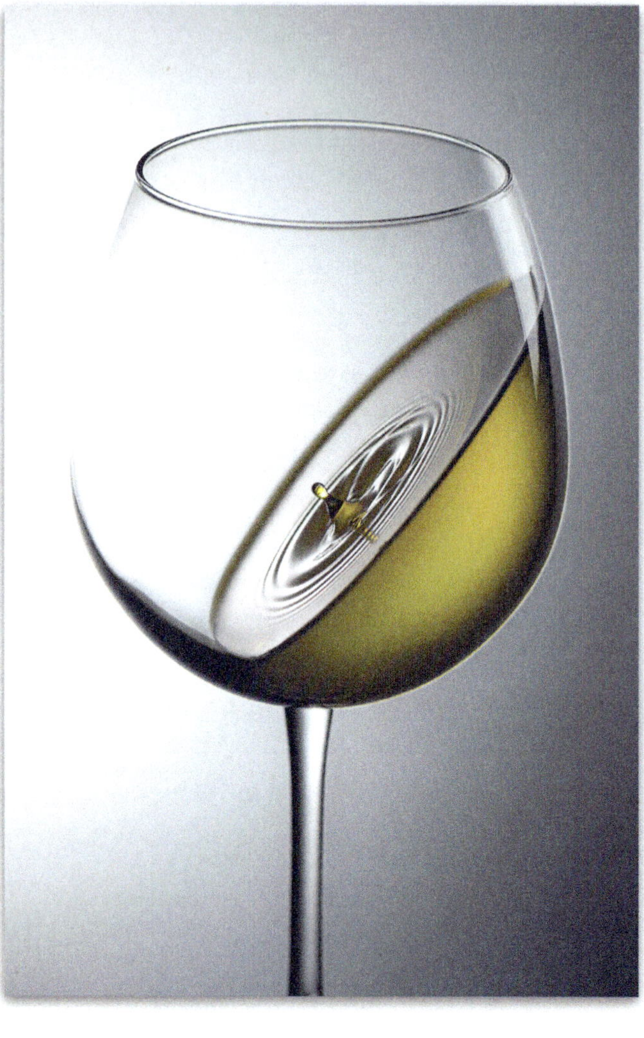

Le temps est frais et je ressens de la fatigue. Pour me remonter le moral, je propose à ma femme d'ouvrir une bouteille de ce merveilleux rosé et retrouver le sentiment de ce déjeuner d'été.

Je débouche la bouteille, nous sers un bon verre et nous goûtons. Surprise, le vin n'a absolument aucun nez. L'arôme de fruit a disparu, une désagréable odeur d'alcool a pris le dessus. En bouche, il conserve le côté chaud de l'alcool. Je sens un léger picotement mais pas de fruit, pas d'élégance. Le vin est complètement déséquilibré, méconnaissable : quelle déception !

Cette situation vous est déjà sûrement arrivée. Comment un vin peut-il changer à ce point avec seulement trois mois passés en cave ? A-t-il mal voyagé ?

En réalité, le vin n'a pas évolué, ou très peu. Ce qui a changé, c'est l'environnement, l'ambiance, le décor. Or, ces éléments ont un énorme impact sur nos sens. Ce n'est pas le vin qui a changé,

Photo : Franck Boisselier

c'est ma perception. Le vin est vivant mais nous aussi.

Dans notre métier, il est tentant de se prendre au sérieux, d'avoir trop de certitudes. Mais à force d'expériences, j'ai gagné en humilité et en modestie dans la dégustation. J'ai appris le point de vue, qu'il n'y avait pas qu'une vérité. J'ai cherché à explorer tout ce qui pouvait influencer ce que l'on ressent quand on boit un vin.

Vous avez entre les mains un concentré de ce que j'ai observé, découvert, lu, bu et vécu en tant que sommelier. Ce sont des conseils pratiques qui vous permettront d'être plus autonome dans le monde du vin. Mais finalement, c'est un prétexte pour apprendre sur l'histoire, la géographie, la philosophie mais aussi sur l'écologie, les sciences et les traditions. Et surtout sur soi-même et sur les autres.

Le vin est une école de la vie et il a changé la mienne.

Christophe Boisselier

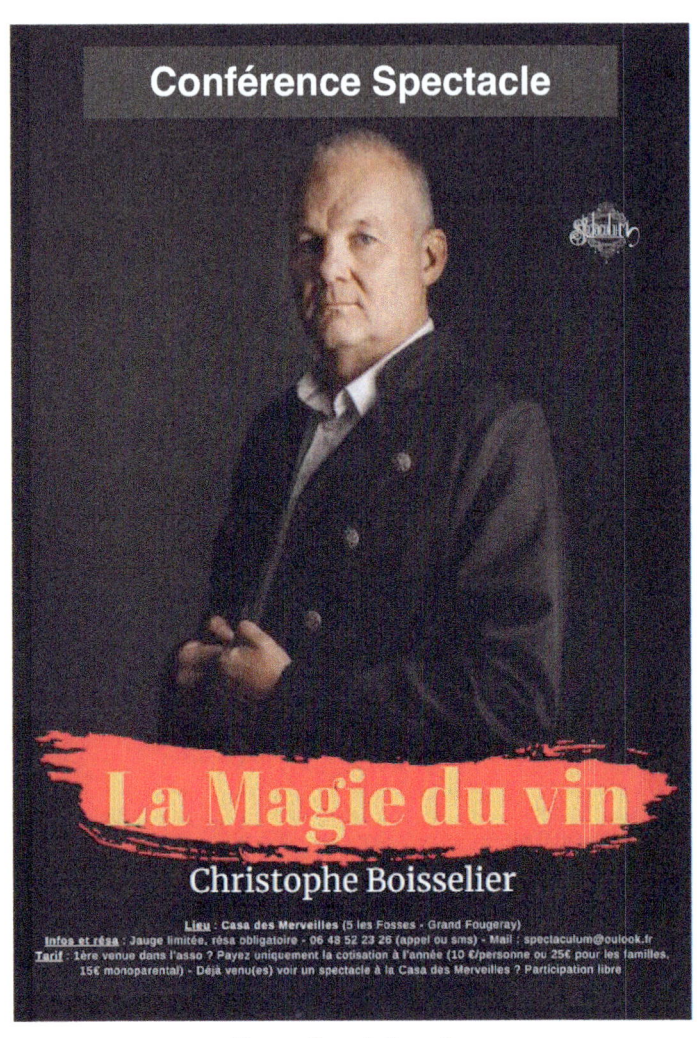

Photo : Franck Boisselier

Conférence Spectacle

Christophe Boisselier a créé en 2018, une conférence spectacle qu'il propose aux entreprises, particuliers, associations, domaines viticoles, festivals.

Le vin est le fil rouge de ce spectacle qui vous démontre comment nous sommes tous influencés, inconsciemment, dans nos perceptions sensorielles et donc, dans nos prises de décisions. Ponctuée d'expériences de magie et de mentalisme, ce spectacle vous permettra d'apprendre les mystères du vin, son histoire et son rapport étroit avec notre vie quotidienne.
Son but est de vous distraire, de vous étonner, de vous cultiver et d'éveiller en vous l'importance d'être à l'écoute de ses intuitions, de ses ressentis
Et surtout de vivre ensemble une parenthèse magique et mystérieuse.

Plus d'informations

Tableaux

Téléchargeables dans la formation en ligne

HISTOIRE DU VIN

Dates	Evénements principaux
-8000	Traces archéologiques de vinification découvertes en Anatolie (Turquie Puis Arménie (-7000)
-6100	Identification du plus vieux complexe de vinification en Géorgie Puis Iran (-5000), Syrie (-4000)
-3000	La vinification moderne arrive en Egypte
-2000	Puis en Grèce, en Italie et en Afrique du Nord
-600	La vigne entre en Gaule grâce aux Grecs de Phocée avec la création de Massalia (Marseille)
313	Le christianisme proclamé religion d'Etat. La France se couvre de vignes et d'édifices religieux. On plante jusqu'en Bretagne et en Flandre.
1100	La qualité s'instaure ! Dans l'église, la maîtrise passe aux monastères qui disposent à la fois de territoires, de temps et de science. Tous les ordres monastiques sont des grands vignerons.
1600	Paris se développe et veut boire, après les vins d'Orléans, les vins de Champagne font leur offensive sur la capitale. Ce sera encore pour satisfaire les parisiens que se développera dans la 2eme partie du 18eme siècle, le vignoble du Beaujolais, dernier en date des vignobles français.
1863	Observé pour la première fois dans le Gard, un puceron "importé" des Etats Unis détruit le vignoble européen. Son nom : le Phylloxéra.
1935	Création des AOC, protection du consommateur et encouragement à la qualité.

Contenance des bouteilles

Champagne	Bordeaux	Équivalence Bt	Contenance Litre
Huitième		1/8	0,09
Quart	Piccolo	1/4	0,20
Demi	ou Fillette	1/2	0,375
	Pot		0,50
Clavelin (jura)			0,62
Champenoise	Bordelaise	1	0,75
Magnum	Magnum	2	1,5
	Marie-Jeanne	3	2,25
Jéroboam	Double Magnum	4	3
Réhoboam	Réhoboam	6	4,5
	Jéroboam	7	5,25
Mathusalem	Impériale	8	6
Salmanazar	Salmanazar	9	12
Balthazar	Balthazar	16	12
Nabuchodonosor	Nabuchodonosor	20	15
Salomon	Melchior	24	18
Souverain		35	26,25
Primat		36	27
Melchizedec		40	30
Adélaïde		124	93
Sublime		200	150

Les Fromages dans les régions Françaises

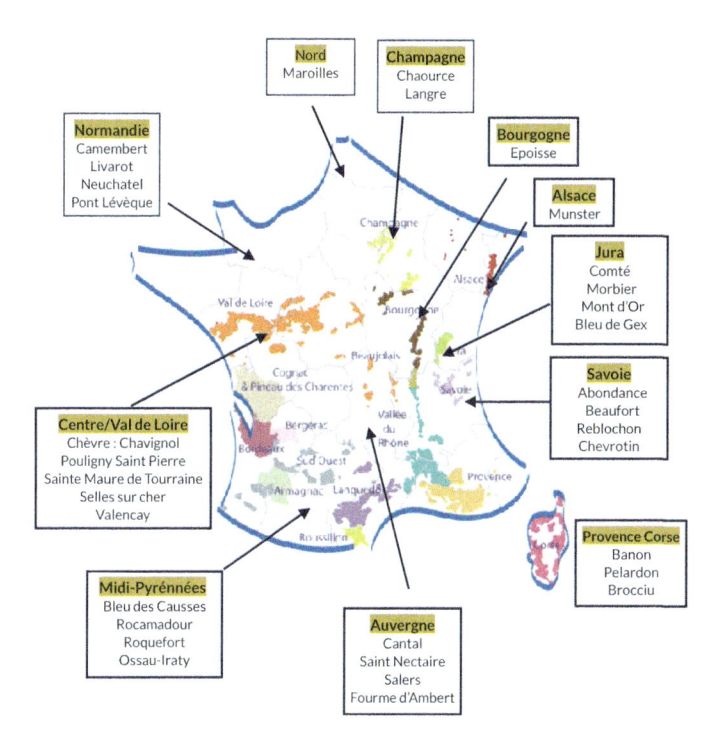

Nord
Maroilles

Champagne
Chaource
Langre

Normandie
Camembert
Livarot
Neuchatel
Pont Lévèque

Bourgogne
Epoisse

Alsace
Munster

Jura
Comté
Morbier
Mont d'Or
Bleu de Gex

Savoie
Abondance
Beaufort
Reblochon
Chevrotin

Centre/Val de Loire
Chèvre : Chavignol
Pouligny Saint Pierre
Sainte Maure de Tourraine
Selles sur cher
Valencay

Provence Corse
Banon
Pelardon
Brocciu

Midi-Pyrénnées
Bleu des Causses
Rocamadour
Roquefort
Ossau-Iraty

Auvergne
Cantal
Saint Nectaire
Salers
Fourme d'Ambert

TYPES DE VIN

Genre	Type	En 2 mots...
Blanc	sec	Fermentation sans contact avec les peaux. Taux de *sucre résiduel* < 2g/L
	1/2 Sec	Fermentation sans contact avec les peaux. Taux de sucre résiduel : 2g à 30g/L Raisin récoltés en *surmaturités*
	moelleux	Fermentation sans contact avec les peaux. Taux de sucre résiduel : 30 à 50g/L Raisins récoltés en *vendanges Tardives*
	Liquoreux	Fermentation sans contact avec les peaux. Taux de sucre résiduel : + 50 g/L Raisins récoltés en *Pourriture Noble*
	Eiswein	Vin de Glace, liquoreux produit à partir de raisin ramassé gelé à -7°
	Jaune	Blanc sec, puis élevage en fût pendant 6 ans minimum sans *ouillage*
	de Paille	Raisins récoltés à maturité et *passerillés* pour donner un vin liquoreux
Orange	Mi rouge Mi blanc	Fermentation en présence des peaux. Macération de plusieurs heures à plusieurs mois selon le vin désiré. Procédé de vinification originaire de Georgie 6000 ans av JC.
Rouge		*Macération* et *Fermentation* <u>avec les peaux</u> afin d'apporter au jus, couleur, *tanins* et autres
Rosé	Sec Moelleux	Macération et Fermentation avec les peaux en contact contrôlé, 2 méthodes utilisées : *La Saignée* ou *Le Pressurage direct*
Effervescent	Perlant	Légèrement effervescent. *Vinification sur lie* (muscadet...)
	Pétillant	Plus effervescent que le perlant du a une teneur en CO2 supérieure
	Crémant	Intermédiaire entres le Pétillant et le Mousseux
	Mousseux	Haute teneur en CO2. Plusieurs *méthodes* de vinifications sont utilisées : *Traditionnelle* ; *Ancestrale* ; *Par Transfert* ; *Cuve Close* ; *Continue* ; *Gazéification*
Muté	Vin de Liqueur	Adjonction d'eau de vie <u>avant</u> la fermentation : *Mistelle* (Pineau des Charentes...)
	Vin Doux Naturel	Adjonction d'alcool neutre <u>pendant</u> la fermentation (Banyuls, Muscat...)
	Vin Viné	Adjonction d'eau de vie dans des vins ayant achevé ou non la fermentation (Xérès, Madère...)
Aromatisé	Vermouth	Vin auquel on a fait macérer plantes, agrumes ou fruits
	Retsina	Vin blanc ou rosé léger dans lequel est rajouté de la résine de pin au cours de la fermentation
	Vin de Noix	
	Vin Cuit	Cuisson légère du *moût* dans un chaudron puis élevage comme un vin

La Magie du Vin   Christophe Boisselier Sommelier

ACCORDS FROMAGES/VINS

Fromages	LE TOP	TRES BIEN	BIEN
JEUNE : Beaufort - Comté	JURA : Côtes du Jura - Arbois (cépage Chardonnay)	SAVOIE : Chignin Bergeron - Mondeuse de Savoie	Beaujolais - Anjou Gamay - Mâcon - Sancerre
VIEUX : Beaufort - Comté	JURA : Vin Jaune - Arbois (cépage Savagnin)	ESPAGNE : Xérès Amontillado - Hongrie : Tokaji	Bordeaux - Chinon - Côtes du Rhône - Corbières
Brebis Basque	SUD OUEST : Jurançon Sec - Irouléguy	LANGUEDOC : Limoux SUD OUEST : Frontton	LOIRE : Vouvray - Montlouis - S.O. Irouléguy
Brie	Champagne blanc de noir - Crémant de Loire	LOIRE : Gamay d'Anjou - Gamay de Touraine	Beaujolais
Camembert	Cidre Fermier fruité - Crémant	LOIRE : Gamay d'Anjou - Gamay de Touraine	Beaujolais
Cantal - Laguiole - Salers	JURA : Côtes du Jura (Chardonnay) AUVERGNE : Côtes d'Auvergne (Chardonnay)	AUVERGNE : Côtes d'Auvergne (Pinot Noir)	JURA : Vin de Paille - Mâcon - Marcillac
Chèvre frais	LOIRE : Sancerre - Menetou - Sauvignon de Touraine	Sancerre	Gamay de Touraine
Coulomiers	Cidre Fermier fruité - Crémant		
Crotin de Chavignol sec	LOIRE : Vouvray moelleux - Côteaux de l'Aubance	ALSACE : Riesling Vendanges Tardives	Vieux Sancerre - Cidre doux - Poiré doux
Epoisse	Bière Ambré	BOURGOGNE : Corton Charlemagne	
Fourme d'Ambert	S.O. Moelleux : Jurançon - Pacherenc du Vic bilh	Bergerac - Sauternes - Barsac - Coteaux du Layon	AUVERGNE : Côtes du Forez
Mimolette Vieille	Vieux Champagne - JURA : Vin Jaune	Bourgogne : Vieux Chardonnay	Vieux Bordeaux
Vacherin Mont d'Or	JURA : Côtes du Jura - Arbois (cépage Chardonnay)	SAVOIE : Chignin Bergeron - Mondeuse de Savoie	ALSACE : Pinot noir - Macon
Munster	ALSACE : Gewurtzraminer	BOURGOGNE : Côtes de Beaune	LANGUEDOC : Viognier
Parmesan	ITALIE : Amarone - Barolo - RHÔNE : Hermitage	ESPAGNE : Xérès Oloroso - MADÈRE : Malvoisie	
Pont Lévêque	ALSACE : Gewurtzraminer RHÔNE : Vaqueyras	Cidre Fermier - Bordeaux de 5/6 ans	
Reblochon	SAVOIE : Roussette de Savoie - Chignin Bergeron	SAVOIE : Apremont RHÔNE : St Joseph	SAVOIE : Gamay
Roquefort	PORTO Vintage ROUSSILLON : Vieux Banyuls Rivesaltes	BORDEAUX : Sauternes	LOIRE : Vouvray - Montlouis - S.O. Jurançon
Chèvre Sainte Maure	LOIRE : Sancerre - Pouilly-Fumé	BOURGOGNE : Sauvignon de St Bris - Mâcon	LOIRE : Sauvignon de Touraine
Saint Marcellin	RHÔNE : Saint Peray - St Joseph - Condrieu	SAVOIE : Chignin Bergeron - Gamay de Savoie	BEAUJOLAIS : Brouilly - Morgon
Saint Nectaire	Grand Cru de Bordeaux - Pauillac, Pessac, Leognan	Tous les bons vins rouges	

Les accords fromages/vins de ce tableau sont le fruit de mes expériences et de celle d'un confrère Olivier Poussier Meilleur sommelier du Monde 2000

ACCORDS PLATS/VINS

RÉGIONS	TYPE/PLATS	Apéritif	Coquillage	Charcuterie	Entrées Chaudes	Entrées Froides	Poisson Grillé	Poisson en Sauce	Viande Blanche	Viande rouge Grillé	Viande rouge En sauce	Desserts
Alsace	Blanc sec	xx	xx	x	xx	xx	xx	x	xx	x		
	Blanc liquoreux	xx										xx
	Rouge	xx		xx	xx	x						
Beaujolais	Blanc sec	xx	x		xx	xx	xx	xx	xx	x		
	Rouge	x		xx	xx	xx	x	x				
Bordeaux	Blanc sec	xx	xx		x	xx	xx	xx	xx			
	Blanc liquoreux	x				x		x	xx			xx
	Rouge								xx	xx		
Bourgogne	Blanc sec	xx	xx		xx	xx	xx	xx	xx			
	Rouge			xx	x				x	xx	xx	
Champagne	Brut	xx	x		x	x			xx			x
Corse	Blanc sec	x	xx	xx		xx	xx	xx	xx		xx	
	Rouge	xx		xx	x			x	xx	xx	xx	
	Muscat	xx										xx
Jura	Blanc sec	x	x	xx	xx	x	xx	xx	xx	xx	x	
	Rouge			x	xx	xx	xx	xx	xx			
	Jaune	xx			x	x	xx	x	x			
	Paille	xx				x						xx
Languedoc Roussillon	Blanc sec		x	x	x	x	xx	xx	x	xx	xx	
	Rouge	xx							xx	xx	xx	
	Muscat	xx										xx
	VDN rouge	xx										xx
Provence	Blanc sec	x	xx	x	x	xx	xx	x	xx	xx	xx	
	Rouge								xx	xx	xx	
Rhône nord	Blanc sec				x			x	x	x	xx	x
	Rouge											
Rhône Sud	Blanc sec			x	x			x	xx	x		
	Rouge				x	x	x	x		x		
Savoie	Blanc sec	x	x	x	xx	x	xx	xx	x	x		
Rhône Sud	Blanc sec			x	xx	x	xx	xx	xx	x		
	Rouge				x			x				
Sud Ouest	Blanc sec	x		x	x	x	xx	x			xx	
	Blanc liquoreux	xx			x	x						xx
	Rouge	xx		x	x	x		xxx	xx	xx	xx	
Val de Loire	Blanc sec	x	xx	xx	x	x	xx		x	xx	x	xx
	Blanc liquoreux	x		x	x	x			xx			
	Rouge			x	x	x			x			

La Magie du Vin

MILLÉSIMES 1989-2018

RÉGIONS	TYPE	2018	2017	2016	2015	2014	2013	2012	2011	2010	2009	2008	2007	2006	2005	2004	2003	2002	2001	2000	1999	1998	1997	1996	1995	1990	1989
Alsace	Blanc sec	3	3	3	4	3	2	2	1	1	2	2	3	1	3	1	1	2	2	4	2	1	1	3	3	4	4
	Blanc liquoreux	3	3	3	4	3	2	2	1	1	2	2	3	1	3	1	1	2	2	4	2	1	1	3	3	4	4
	Rouge	3	3	4	4	3	2	2	1	1	2	2	1	1	3	1	1	1	4	4	2	1	1	3	3	4	4
Beaujolais	Blanc sec	2	3	3	4	3	2	3	2	3	4	2	3	2	4	1	3	2	2	2	2	1	3	4	3	4	4
	Rouge	4	3	4	4	3	2	2	4	3	4	2	2	2	4	1	3	1	1	2	2	1	4	4	3	4	4
Bordeaux	Blanc sec	4	3	3	3	2	2	2	2	4	4	2	2	2	4	3	3	3	3	3	4	2	3	3	3	4	4
	Blanc liquoreux	2	3	3	3	3	2	1	3	2	3	2	3	3	3	3	4	1	4	2	2	3	2	4	3	4	4
	Rouge	2	3	3	3	3	2	2	3	3	4	3	3	3	4	3	4	3	3	3	3	2	3	4	3	4	4
Bourgogne	Blanc sec	3	4	2	3	3	2	3	2	2	3	2	3	3	4	2	3	3	4	2	4	3	3	4	4	3	4
	Rouge	4	4	4	4	3	2	3	4	4	4	2	3	3	4	3	3	4	2	3	2	3	4	4	3	4	4
Champagne	Brut	3	1	3	4	3	3	4	3	3	4	4	2	2	1	3	4	4	1	2	2	2	2	4	3	3	3
Corse	Blanc sec	3	3	3	4	3	3	3	3	3	4	3	3	3	3	3	3	3	4	3	3	4	4	4	3	4	4
	Rouge	2	3	2	3	2	3	3	3	3	4	3	3	3	3	3	3	1	4	3	3	4	4	4	3	4	3
	Muscat	3	3	2	4	2	2	3	3	3	3	3	3	3	3	3	3	2	3	3	2	4	4	3	4	4	3
Jura	Blanc sec	-	-	-	-	-	2	3	3	3	2	2	3	3	4	3	2	3	3	3	2	3	3	4	3	4	3
	Jaune	-	-	-	-	-	2	3	3	3	4	3	3	3	3	3	1	1	3	4	2	4	2	3	3	4	3
	Paille	3	2	3	4	2	2	3	3	2	4	3	2	3	2	1	1	1	3	3	2	2	2	3	2	4	3
Languedoc Roussillon	Blanc sec	3	4	4	4	3	3	2	3	3	4	3	4	3	4	3	3	3	3	3	3	4	4	3	3	4	4
	Rouge	3	4	4	4	3	3	2	2	3	3	3	4	3	3	2	2	3	3	3	3	4	3	4	3	4	4
	Muscat	3	4	4	4	3	3	3	2	2	4	2	3	3	2	1	2	2	3	2	3	4	4	2	2	4	4
	VDN rouge	3	2	3	4	2	3	2	3	2	3	3	2	2	3	1	1	2	3	3	2	4	4	3	2	4	3
Provence	Blanc sec	2	3	3	4	3	2	3	3	3	3	2	2	3	3	2	1	1	4	2	3	4	2	4	3	4	3
	Rouge	2	3	3	4	3	2	2	2	3	3	2	2	3	3	2	1	1	4	2	3	4	2	4	3	4	3
Rhône nord	Blanc sec	3	3	4	4	3	2	3	2	3	4	1	4	2	3	3	2	1	4	2	2	4	2	3	3	4	3
	Rouge	3	3	4	4	3	2	3	2	3	4	1	4	2	3	3	2	1	4	2	2	4	2	3	3	4	3
Rhône Sud	Blanc sec	2	3	3	3	3	2	2	2	2	3	2	2	2	3	3	3	1	3	2	2	3	3	3	3	4	4
	Rouge	2	3	3	3	3	2	3	2	2	3	2	2	2	3	3	3	2	3	2	3	4	3	3	3	4	4
Savoie	Blanc sec	3	4	4	3	4	2	2	2	2	4	1	1	2	3	1	3	1	3	2	3	4	1	3	3	3	3
Sud Ouest	Blanc sec	3	3	4	4	2	2	1	2	3	4	2	2	2	4	3	1	1	4	4	2	3	3	2	3	4	4
	Blanc liquoreux	3	3	4	4	2	3	1	3	3	4	3	2	2	4	3	1	1	4	2	3	3	4	4	3	4	4
	Rouge	3	3	4	3	3	3	2	2	2	3	3	2	2	4	2	1	1	3	2	3	2	3	2	3	4	3
Val de Loire	Blanc sec	4	3	2	4	2	1	2	2	2	4	2	2	2	4	2	3	3	2	2	3	1	3	3	3	4	4
	Blanc liquoreux	4	3	2	3	2	2	2	2	2	3	2	2	1	3	1	1	1	4	2	2	2	4	3	3	4	4
	Rouge	3	3	2	3	3	2	2	2	2	2	3	2	2	3	2	1	1	4	1	3	3	2	3	2	4	4

Millésime EXCEPTIONNEL

1 = PETITE ANNÉE Ne pas garder - **2** = ANNÉE MOYENNE à boire rapidement - **3** = BONNE ANNÉE à boire - **4** = ANNÉE EXCEPTIONNELLE à garder ou à carafer avant de déguster

Christophe Boisselier Sommelier

Credits Photo

Pixabay
Unsplash

Page 6 Klara Kulikova
Page 58 Corina Rainer
Page 72 Mike
Age 90 Pier Demarten
Page 112 DaYsO
Page 124 Andreas Haslinger
Page 132 Sai Balaji Varma Gadhiraju
Page 136 zero take
Page 136 Alisa Reutova
Page 138 Ibrahim Boran
Page 140 Önder Örtel
Page 144 Pinar Kucuk
Page 150 Douglas Lopez
Page 152 Stefan Johnson
Page 156 Önder Örtel
Page 160 Melissa Walker Horn
Page 162 Eric Cook
Page 164 Reagan M.
Page 174 Marco Momati
Page 184 Geran de Klerk
Page 188 Franck Boisselier
Page 190 Franck Boisselier

Sources :

Atlas mondial du vin
Histoire mondial du vin Hugh Jonhson
Le Vin pour les nuls d'Eric Beaumard
Claude et Lydia Bourguignon
Le blog d'Hervé Bizeul
INAO

Printed by Amazon Italia Logistica S.r.l.
Torrazza Piemonte (TO), Italy